八闽中国工艺美术大师合集

主编 杨敬亭

编著 李欣 徐琴

厦门市海峡文化艺术品保护基金会

厦门大学出版社
XIAMEN UNIVERSITY PRESS
国家一级出版社
全国百佳图书出版单位

作者介绍

杨敬亭

　　原名杨卫红。文化产业投资专家。厦门大学文学学士，后深造于党校，主经济管理专业。作品散见于《等待中的雨景——当代青年爱情诗选》《中国民间收藏文化高层论坛论文集》《古典工艺家具》《厦门日报》等书刊。自幼潜心国学，雅好收藏，尤擅品鉴，担任海峡两岸文化产业交易博览会评审组专家、厦门市海峡文化艺术品保护基金会理事长、福建省收藏文化协会名誉会长、厦门文化创意产业协会监事长。主要从事金融投资与管理工作，对文化产业有较为全面和深入的了解和研究。

李 欣

　　厦门大学古典文学硕士，《书香两岸》专栏作家，著有《庄子译注》。现就职于厦门海峡两岸文化艺术品交易所筹委会。

徐 琴

　　陕西师范大学博物馆学专业历史学学士，台湾云林科技大学文化资产维护系交换生，厦门大学考古学及博物馆学硕士，主攻陶瓷、青铜器等。作品散见于《武夷山崖上聚落》《耀州窑博物馆集刊》等书刊。现任厦门市海峡文化艺术品保护基金会藏品部副主任。

厦门市海峡文化艺术品保护基金会成立新闻发布会

厦门市委宣传部、文广新局、广电集团领导参加基金会成立新闻发布会

邀请全国政协副主席厉无畏，福建省委常委、宣传部部长袁荣祥，福建省委常委、副省长陈桦，福建省人大常委会副主任李红，福建省政协副主席邓力平以及厦门市领导郑道溪、陈修茂、钟兴国、叶重耕等出席厦门文交所承办的文化产业投资论坛

第五届海峡两岸文化产业博览交易会文化产业投资论坛演讲嘉宾合影

中国艺术研究院院长王文章
指导本书编撰工作

中国工艺美术学会副会长兼秘书长
赵之硕指导本书编撰工作

福建省工艺美术研究院院长余卫平、福州大
学厦门工艺美术学院原院长庄南鹏、福建省
寿山石文化艺术研究会副会长陈礼忠一行指
导本书编撰工作

台湾工艺之家协会理事长陈启村、
荣誉理事长林国隆指导本书编撰工作

与中国工艺美术大师蔡水况
讨论本书编撰工作

与中国工艺美术大师陈礼忠
讨论本书编撰工作

应邀赴台参加中华工艺美术精品奖筹备会

与台湾工艺之家协会会长、台湾南美会
副会长陈启村讨论基金会藏品征集工作

采访台湾"人间国宝"施镇洋

采访中国工艺美术大师卢思立

收藏中国工艺美术大师林发述代表性作品

收藏中国工艺美术大师陈益晶代表性作品

厦门文交所董事长邱国龙与清科集团创始人
倪正东签约设立文化产业投资基金

台湾工艺研究发展中心主任许耿修
参加本基金会捐赠仪式

与著名收藏专家马未都洽谈合作

与台湾艺术大学校长谢颙丞
商谈互设交流合作基地

厦门市博物馆馆长张仲淳等领导
参观基金会藏品

与中国文物保护基金会理事长
张柏一行洽谈合作

与福州大学厦门工艺美术学院原院长庄南鹏、中国工艺美术大师方文桃、中国工艺美术大师余国平、中国工艺美术大师李凤荣、福建省工艺美术大师宋春国讨论基金会藏品征集工作

应邀出任第五届海峡两岸（厦门）文化产业博览交易会组委会评审组专家

应邀于中国美术馆研讨会上发言

应邀赴台参加台湾"两岸工艺文化交流论坛"

福建电视台经济生活频道采访厦门海峡文化艺术品基金会藏品展示与研究中心项目签约仪式

举办两岸工艺界座谈会。厦门文联副主席林起、福州大学厦门工艺美术学院
原院长庄南鹏、台湾工艺之家协会理事长林国隆、台湾工艺发展协会理事长
卿敏华、台湾南美会副会长陈启村、台湾艺术大学代表及台湾艺术家出席

《八闽中国工艺美术大师合集》研讨会

《厦门日报》对本书出版工作的报道

媒体相关报道:《海西晨报》

媒体相关报道:《厦门日报》

厦门市海峡文化艺术品保护基金会典藏
八闽"中国工艺美术大师"代表性作品

■ 林发述：双子弥勒
　尺　寸：14.5×5×4.5 cm
　材　质：善伯洞石

■ 方文桃: 观音立像
　尺　寸: 29 X 9 cm
　材　质: 象牙

厦门市海峡文化艺术品保护基金会典藏
台湾工艺美术大师代表性作品

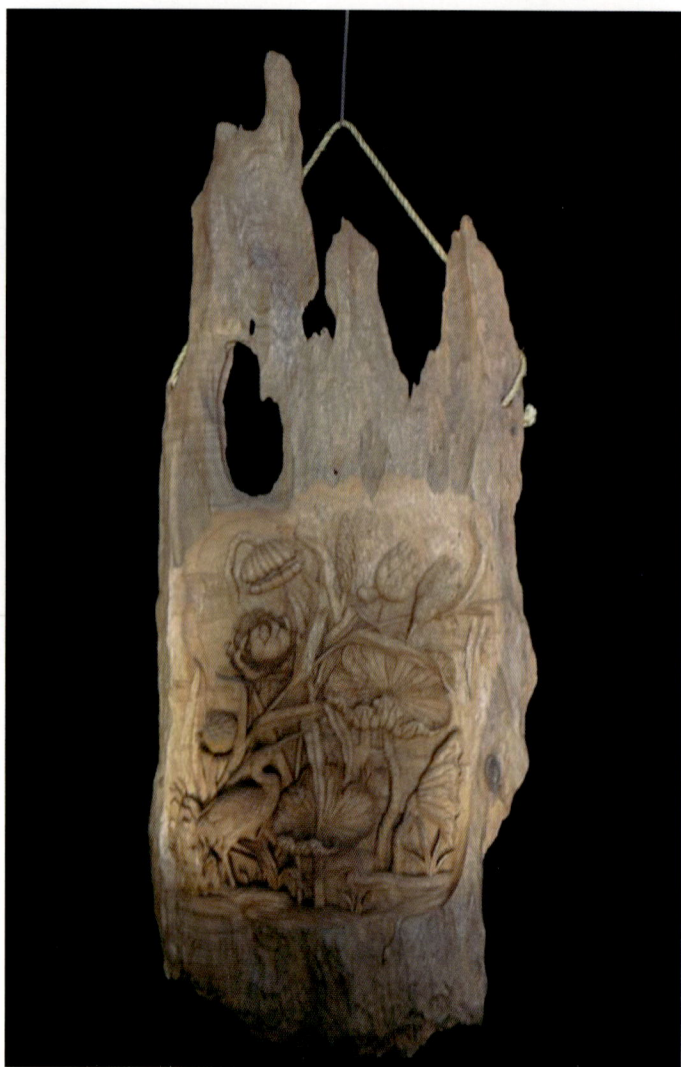

■ 施镇洋: 荷塘清趣
　尺　寸: 110×48 cm
　材　质: 牛樟木

■ 陈万能: 和为贵
尺　寸: 60 × 40 × 37 cm
材　质: 锡

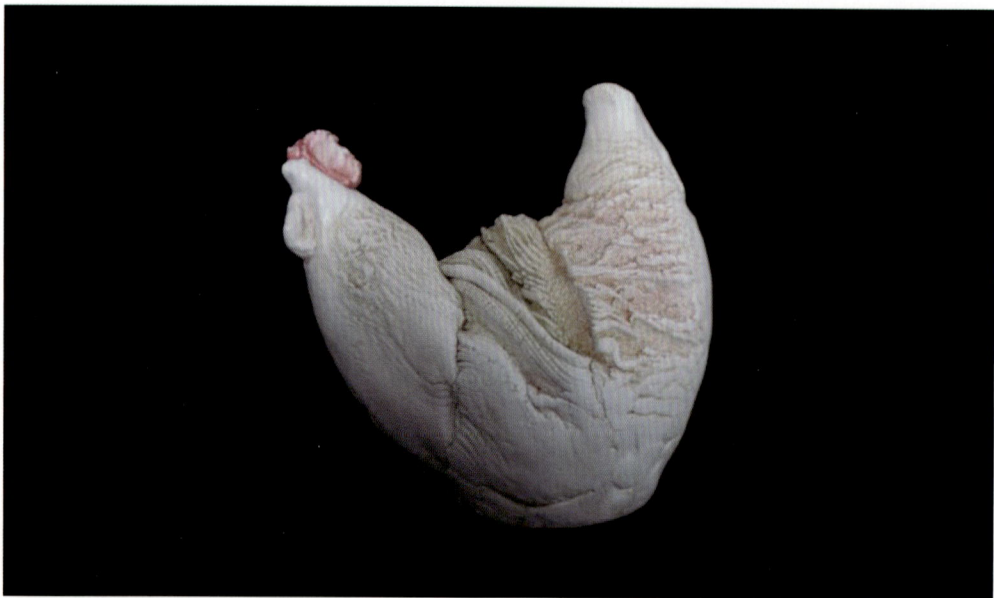

■ 曾明男: 起家
　尺　寸: 22 X 15 X 22 cm
　材　质: 陶

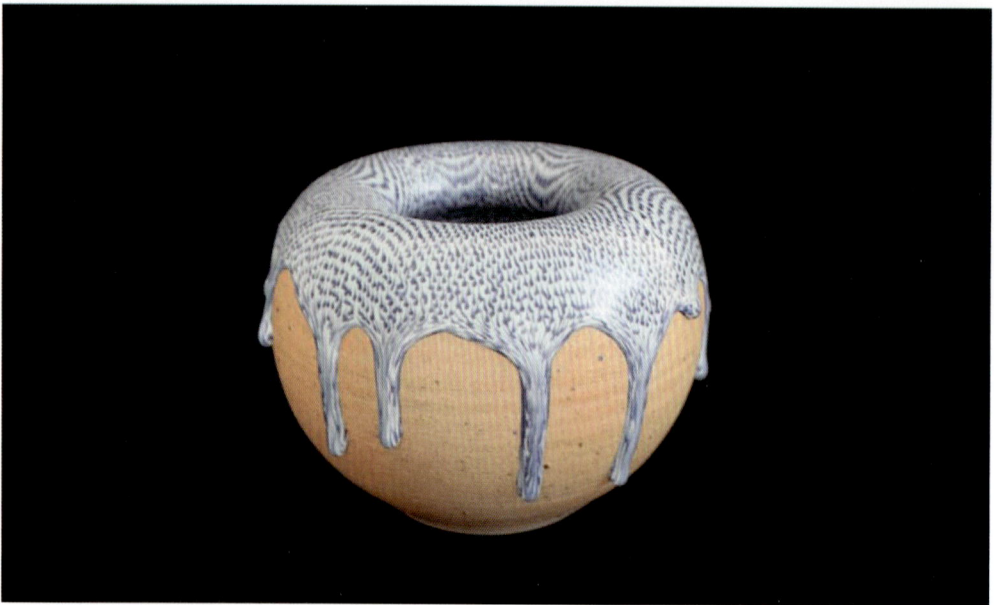

■ 蔡荣祐: 包容 2008-5
　尺　寸: 20.1 X 20.1 X 13 cm
　材　质: 陶

厦门市海峡文化艺术品保护基金会
荣誉证书

留影八闽瑰宝　　见证文化蓝图

本基金会藏品征集合同、本书授权书签字现场

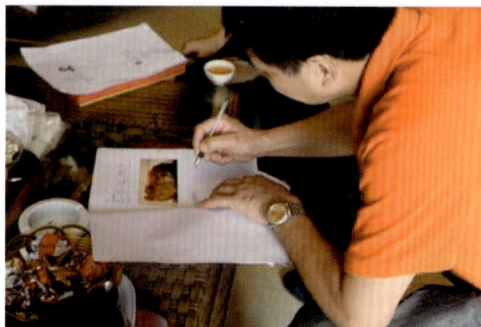

序

  福建省是我国的工艺美术大省，门类多，品种繁，技艺精，早在"文革"前就蜚声海内外，是其时我国创收"外汇"的重要项目。改革开放，体制变化后，民营工艺美术企业如雨后春笋，蓬勃发展。民间老艺人枯木逢春，大显身手。青年人拜师学艺成为时尚，科班出身的许多美术家也加入工艺美术创作的队伍中⋯⋯

  福建省的工艺美术事业进入辉煌时期，形成主要几大产区：福州的寿山石雕、漆艺；惠安的石雕；莆田的木雕；仙游的红木家具；泉州的民间工艺美术；德化的陶瓷；安溪的藤、竹、铁艺；厦门的漆线雕；建瓯的树根雕⋯⋯近年来，被国家授牌的就有"中国木雕之城·莆田""中国古典工艺家具之都·仙游""中国陶瓷之都·德化""中国石雕之都·惠安""中国民间工艺品之都·泉州鲤城""中国银饰之都·莆田秀屿""中国寿山石文化之都·福州""中国脱胎漆艺之都·福州""中国根雕之都·建瓯"，这些成绩的获取均得益于我省工艺美术大师、中国工艺美术大师的引领。

  2012年10月，厦门市海峡文化艺术品保护基金会成立，旨在保护性收藏海峡两岸工艺美术大师的代表性作品；宣传大师的风采，技艺的传承，艺术价值与社会影响，打造海峡两岸文化行业交流交易的平台。为配合藏品征集工作的有效开展，该基金会捐资厦门大学出版社编写本书。

  本书的编写历时两年多，基金会前后投入大量的人力、物力安排实施。编写者本着科学、严谨、认真的态度，不辞辛苦，在省内走访37位大师及其直系继承人、传承弟子等，面对面沟通交流，获得第一手的材料，保证文字内容的客观、详实、准确。对大师技艺的传承，发展脉络的研究，成为本书编写的亮点，既展示了大师的艺术成果和传统工艺的传承发展情况，又反映了新一代工艺美术师的综合水平，为我省工艺美术行业的发展规划提供有力的数据支撑与材料论证,这对工艺美术事业的发展与繁荣是有益的。

　　本书内容均获取大师或直系继承人的书面授权书,保证了本书的专业性和权威性。投资收藏爱好者可通过本书进行数据参考,专业研究者亦可参考书中珍贵的文献史料。本书以真诚的精神,特殊的视角,朴实可信的内容呈现给人们,是福建省工艺美术领域不可多得的好书。

福州大学厦门工艺美术学院教授

福建省美术家协会副主席

庄南鹏

2014 年 6 月 8 日

前　言

　　一部工艺美术史也是人类文明发展史的缩影。工艺美术兼具实用、审美和收藏等多种社会功能，以历史悠久、技艺精湛、风格多样和浓郁的地方文化色彩闻名于世，是我国优秀文化遗产的重要组成部分。自1979年起，国家有关部门分六批授予优秀手工艺人"中国工艺美术大师"称号，这是国家给予工艺美术群体的最高荣誉。

　　福建是一个工艺美术大省、强省，雕刻工艺水准尤高，在全国乃至全世界都具有影响力。80年代，福建地区工艺品出口贸易在最辉煌的时候曾占据全国半壁江山。自国家组织评选"中国工艺美术大师"以来，福建省共计37位工艺名家荣膺该称号，几占全国总数的十分之一，不仅带动本省工艺美术行业的繁荣兴盛，而且推动工艺美术学科在全国范围内的兴起。八闽中国工艺美术大师数量众多、技艺精湛，尤其难能可贵的是，新一代大师汲取美术养分，体现出艺术的自觉意识，积极实现"工匠"向"艺术家"的提升。

　　八闽大地不仅拥有人才之美，也以材质之美闻名于世。富有地方特色的寿山石、高岭土，因产业兴盛而辐辏于此的海黄越黄、紫檀酸枝、沉香檀香等美石、灵木比比皆是，其形成的产业聚集效应是全国产业链整合的典范："中国古典家具之都"仙游，"中国石雕之都"惠安，"全球最大檀香木、沉香木工艺精品生产交易基地"莆田，"中国根雕重地"上街，"中国寿山石文化之都"福州皆因"美材"成为海内外知名的品牌聚集地。

　　八闽大地以其悠久的文化传统支撑着"人才"与"美材"的繁荣。寿山石传承了千年的历史文明，在清代被尊为"国石"。发源于建阳的宋代名窑"建窑"，作为贡瓷受到海内外尤其是台湾、日本的推崇。德化是中国三大近代瓷都，中国陶瓷文化的发祥地之一，以"中国白"驰名于世。"福州三宝"脱胎漆器与角梳、纸伞闻名遐迩，脱胎漆器与寿山石雕、软木画又称为"榕城三绝"。如今，脱胎漆器又大放异彩，独出漆画一类……三山巧艺，四海独绝。

为更好地弘扬中华传统文化，促进八闽工艺美术在全国范围内的传承与发展，厦门市海峡文化艺术品保护基金会宣告成立。基金总规模为一亿元，投放方向为保护性收藏在闽、闽籍中国工艺美术大师以及海峡两岸部分具有典型意义的工艺美术大师的代表性作品，为两岸文化艺术交流提供优质平台，是全国首家专门从事文化艺术品保护类公益性基金。

为更好地推动八闽工艺美术界在专业、行业、产业的发展，基金会特捐资编撰《八闽中国工艺美术大师合集》。本书是国内第一本专项介绍福建省"中国工艺美术大师"的专著。通过艺术价值、行业地位、社会影响力、传承发展、市场价值等五方面要素，展示每一位中国工艺美术大师的传奇生涯，通过为大师树碑立传，加快闽地工艺美术产业提升，促进海峡两岸的文化繁荣。

本书的体例如下：第一章主要介绍在闽、闽籍中国工艺美术大师，第二章介绍台湾顶级工艺美术大师，附录主要介绍"中国工艺美术大师"荣誉称号沿革、台湾工艺奖项发展脉络简介以及主要奖项的资料。

本书第一章按照"中国工艺美术大师"的工艺种类共分五类：寿山石雕、木雕、漆艺、瓷塑、银雕。每类以"中国工艺美术大师"称号获得时间为先后顺序，同届"中国工艺美术大师"以年长者为先。每篇文章从艺术名片、艺术生涯、艺术概况及艺术传承四方面呈现传主全貌。为全面展示海峡两岸工艺美术的传承发展情况，本书第二章在经过审慎调研的基础上，以台湾工艺界权威奖项为标准，编选九位不同门类的台湾工艺美术大师传记，每篇文章从艺术名片、艺术生涯、艺术概况三方面呈现台湾地区工艺美术界的成就。

本书编委会主要采用"田野调查"方法，实地考察从中国工艺美术大师到工艺美术行业的方方面面。调查活动中，编委会进行了大量的产业调研，侧重呈现中国工艺美术大师在新中国成立以来对工艺美术产业发展的贡献。在一手材料的基础上，本书梳理了大师的详实信息，对寿山石、木雕等工艺美术门类进行理论总结与提高，对八闽工艺史进行系统的分类整理和考证论述。

　　本书尊重每一位大师的意见，确保每一篇文章都经过大师本人或其继承人审阅，取得八闽三十七位大师（或其直系继承人）的签字授权，以及台湾九位大师的签字授权后出版。

　　在此衷心感谢中国文化产业投资基金、福建省工艺美术研究院、厦门市委宣传部、台湾工艺研究发展中心的关心指导；感谢厦门工艺美术学会、厦门文化创意产业协会、台湾工艺之家协会、台湾工艺发展协会、福信集团的鼎力支持；感谢中国文化产业投资基金理事会秘书长朱建程、厦门市博物馆馆长张仲淳、厦门工艺美术学会会长庄南鹏等业界资深专家的悉心指导；感谢三十七位中国工艺美术大师、九位台湾工艺大师以及大师的后辈们的热心支持与帮助！

　　赞曰：

　　　　八闽神工耀华堂　奇石灵木竞雄长
　　　　由来巧手夺天工　青史籍名垂典章

　　　　　　　　　　厦门海峡文化艺术品保护基金会理事长 杨敬亭
　　　　　　　　　　甲午金秋于鼓浪不下楼半空书屋

目 录

八闽瑰宝——

中国工艺美术大师

八闽中国工艺美术大师合集

BAMIN ZHONGGUO
GONGYI MEISHU
DASHI HEJI

第一届中国工艺美术大师

郭功森

　　1921 年生于福建省福州市，2004 年逝世。高级工艺美术师，中国工艺美术大师，中国美术家协会会员，中国宝玉石协会印石专业委员会顾问。福建省第四、五、六届政协常务委员。

艺术生涯

1952 年，作品《斯大林胸像》获福建省第一届美术作品观摩会四等奖。

1954 年，《牧羊女》《喂鸡》《鸳鸯荷叶瓶》送往莫斯科展览。

1955 年，《大闹长坂坡》被福建省博物馆收藏。

1956 年，《宝玉与黛玉》获福建省工艺美术展览会一等奖。

1958 年，《九鲤连环卣》陈列于北京人民大会堂福建厅。

1963 年，《夜宴桃李园》《九龙神韵》被选送日本展览。

1972 年，《山村新貌》《伎乐天》《闽江两岸》参加全国工艺美术展览会。

1973 年，《武夷风光》作为"至宝"被天津市艺术博物馆收藏。

1975 年，参加《长征组雕》设计创作，《过雪山》被中国军事博物馆收藏。

1978 年，《韶山》参加全国工艺美术展览会。

1982 年，《竹林七贤》获中国工艺美术品"百花奖"优秀创作奖，被中国工艺美术珍品馆收藏。

1983 年，《寿山十宝》获中国工艺美术品"百花奖"优秀作品奖。

1987 年，《红桃颂千秋》参加全国工艺美术展览会。

　　　　编写著作《寿山石雕浅谈》和《林清卿薄意艺术》。

艺术概况

　　郭功森是新中国成立后的第一代中国工艺美术大师，其作品内容丰富，题材广泛，技法全面，底蕴深厚。这种气吞万象的大家风范，是当代寿山石艺坛的典范。半个多世纪的创作实践和知识经验的积累，造就了他精品迭出，一通百通的艺术成就。

　　著名寿山石鉴赏家、理论家方宗珪评价郭功森大师："从他所走过的艺术创作道路和成长历程中，可以看到寿山石雕半个世纪以来发展的缩影。"

以现代题材解放传统技法

　　在中国寿山石雕界，郭功森是声名远播的老艺术家，早年师从林友竹、林清卿、郑仁蛟等雕刻大家，在继承东门派精髓的基础上，博取西门派薄意技法及现代雕刻理念，勇于创新。他擅长人物、山水和动物的雕刻，能紧密结合现实生活，创作新题材。

　　新中国成立后，郭功森以高昂的创作激情，用手中的雕刀表达对新社会的热爱和对新生活的向往。1949—1953年，他先后创作《普希金立像印钮》《斯大林胸像》《志愿军热爱朝鲜儿童》等作品。1954年，郭功森被选送参加中央美术学院华东分院举办的第一期民间美术工艺研究班。在进修期间，他创作出《牧羊女》《喂鸡》和《鸳鸯荷叶瓶》等作品，因题材新颖、技艺精湛而先后送往前苏联莫斯科展览，照片也刊登在《浙江日报》上。《鸳鸯荷叶瓶》一作，是近现代寿山石雕史上首件吸收福州漆雕和德化瓷塑的艺术养分而创作出的寿山石器皿。

　　在新题材与传统技法的融合上，郭功森的代表作《九鲤连环卣》堪称中国寿山石雕史上的扛鼎之作。该作将玉雕最常见的古青铜器题材移植入寿山石雕中，丰富了寿山石雕的表现形式，展示出精美绝伦的链雕、镂空雕、圆雕与浮雕等工艺技法。

　　构思《九鲤连环卣》时，郭功森创造性地在卣的两肩剥离出两条活链，每条活链26环，玲珑精致，环环相连，向上翻起后，作品的高度顿增，打破石材的空间限度。1999年，福建省首届寿山石文化博览会上展出2000多件雕品，《九鲤连环卣》以博大精深的文化内涵、炉火纯青的工艺技法和独特的艺术魅力名列榜首，冠绝群英。

作家郭风评论郭功森："他在寿山石雕界所作出的贡献，他的独特的成就，在于他对传统技法的发展和创新，在于他把现代题材引进寿山石雕的传统技法中，又解放了传统技法。从寿山石雕的艺术发展历史来考察，郭功森在此项艺术的行程上立下一块里程碑。"

山水题材——山有派头 水有源头

在中国寿山石审美文化史上，郭功森以众多经典作品成为这个伟大变革时代的艺术象征与审美徽记。早在上世纪60年代，郭功森便提出"传统的寿山石雕与现代美术融合"，他认为"绘画上的透视、构图、造型、色彩、人体结构解剖，以及线条、块面、质感、量感、空间感、立体感等方面的技法如何与传统的民间雕刻有机结合，这是值得研究的课题"。

带着这一思考不断进行探索、实践和总结，郭功森先后创作《竹林七贤》《长征组雕》《武夷风光》等作品，既深含现代美术理论，又体现出精湛的技法。代表作《竹林七贤》以全景构图衬托出七贤悠游山林的愉悦心境，堪称一幅气韵生动的"立体丹青"。

以《竹林七贤》为代表的大型山水题材是郭功森涉足较繁并常出佳作的经典题材，其共同之处是"山有气派，水有源头"。山的起伏气势十足，山峦多层重叠，高低起伏，顾盼生姿。

■ 九鲤连环卣

水则多在山涧中倾泻或在峡谷中潺流，活水淙淙，生机勃勃。在山水题材作品中，整体构图布局及其投影效果最能展现作者匠心独运之处。

郭功森讲究立体感与空间感，力求层次清楚、内涵丰富、意境开阔。刻画人物性格，注重把握特定环境情节与感情表露。在结构布局中，则注意粗细结合，多种技法结合，构图饱满，以展现寿山石的瑰丽多彩。

古兽题材　高价记录保持者

20世纪末，步入古稀之年的郭功森致力于儒士僧佛、龙虎瑞兽等传统题材的创作，所作古兽神态逼真，气势威猛，矫健灵动。在拍卖市场上，郭功森大师的古兽印钮动辄数百万元的成交价，是近年来古兽印钮拍卖的高价记录保持者。

寿山石雕的艺术性与经典性是郭功森作品普遍受到市场热捧的主要原因。作家苏晨评价郭功森："他雕的印钮，包涵着寿山石章印钮雕刻传统技术的精华。" 2011年，123克田黄石作品《罗汉洗象》以350.75万元成交。837.3克田黄石作品《群螭戏钱》于"2011海外寿山石藏家珍品拍

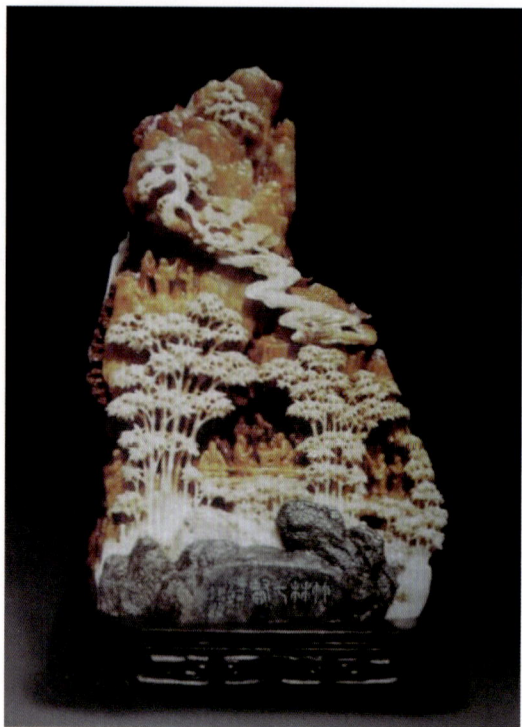

■ 竹林七贤

卖会"上经过 14 轮竞价后,最终以 2329.6 万元成交,创下近现代名家创作寿山石雕拍卖最高价。

作为八闽第一位中国工艺美术大师,郭功森是当代寿山石雕刻艺术发展的历史见证人,更是直接推动寿山石雕刻艺术向前发展的功勋元老。作为新中国第一代中国工艺美术大师,郭功森是国内工艺美术事业腾飞的榜样,为中国工艺美术享誉世界立下汗马功劳。

艺术传承

郭祥麒－郭功森二子。1952 年生,擅长印钮、古兽、博古雕刻。福州市工艺
　　　　美术二级名艺人。
郭祥魁－郭功森三子。1954 年生,擅长印钮、古兽、博古雕刻。福建省寿山
　　　　石文化艺术研究会会员,罗源县工艺美术学会常务理事。
郭祥雄－郭功森四子。1956 年生,1997 年去世,擅长入古代石刻、瓦当及彝
　　　　器图案于纽雕中,呈现立意深邃、古风盎然的艺术风格。
郭祥忍－郭功森五子。1960 年生,擅长古兽印钮。高级工艺美术师,中国玉
　　　　石雕刻大师,福建省工艺美术大师,福建省民间艺术家,福州工艺美
　　　　术名艺人,福建省民间艺术家联谊会理事。

第二届中国工艺美术大师

周宝庭

　　1907 年生于福建省福州市，1989 年逝世。高级工艺美术师，中国工艺美术大师，福州市特级名艺人，中国工艺美术协会会员，中国工艺美术学会会员。福州市政协委员。

艺术生涯

1954 年，为福建省文化局创作《九螭虎穿环》《屈原》《斯大林》等作品。其中《九螭虎穿环》送往前苏联莫斯科参加"中国工艺美术展"，得到福建省文化局的表扬，获 100 元奖金。

1956 年，《九螭虎穿环》获福建省民间美术工艺展三等奖。

1961 年，创作《巧色立体菊花》各式印纽几十枚赠送福建省手工业管理局。

1972 年，《雪压冬梅》参加全国工艺美术展览会。

1977 年，《古兽》获福建工艺美术评比优秀作品奖，参加全国工业展览会。

1979 年，《石章》获福建省工艺美术产品创新奖。

1983 年，《蛇匏石金鳄龙》等八件（套）作品入选中国轻工业部"工艺美术珍品"。

1985 年，《二十八古兽印纽》获中国工艺美术品"百花奖"珍品金杯奖。

1997 年，《犀牛沐日》选入国家邮电部批准发行的首套福建地方选题邮票《寿山石雕》特种邮票中，成为"国家名片"。

艺术概况

在新中国成立后的寿山石雕界，周宝庭是当之无愧的古兽雕刻巨擘。其寿山石雕博取众长，取汉唐艺术风韵，融福州东西门派精华，兼容并蓄，自成一家，被推崇为"周氏寿山石雕技法"。其作品以印钮、古兽和仕女著称于世，造型古拙朴茂，刀法简练浑圆，既精巧儒雅又富有神韵，达到天工合一的境界。

相石——寿山石雕的真功夫

"相石"是寿山石雕的核心要领，检验艺术家的悟性与涵养。周宝庭大师"相石"的原则有两个：一是根据石头的天然形状来雕刻，追求"天趣"；二是结合天然的造化与人的思维，追求天人合一的境界。

周宝庭认为，作品要有自己的思想，表现自己的情感内涵。据其弟子王一帆介绍："宝庭师傅平时教导学生雕刻不能'太像'真的，也不能过于'不像'，要留出想象空间。不要太剔透，不要过多镂空，学生一开始就要锻炼相石的能力。拿起石头，不能急着刻，如果急着刻，天天刻弥勒，就没有创造力。要根据石头的天然造型，适合刻什么就刻什么。"他用质朴的言语道出周宝庭"相石"的精髓，艺术创作是艺术家对客观对象的认识，追求"像"与"不像"之间的意境。

周宝庭认为石无贵贱，所谓不完美的石头亦可雕成完美的艺术品，寿山石只是载体，用于展示表现的对象是人，靠人去点化石头。故其作品虽多为材质普通的石料，但以精湛的工艺、独特的质感为收藏界所追捧。

经周宝庭反复"相石"雕刻出的作品总是气宇非凡，既有其师、东门派第三代传人郑仁蛟之精华，又博采众长，融入自身之精神理念，气韵传神而又耐人寻味。在采访现场，几位台湾资深藏家表示："宝庭师傅的作品，远看有气势，近看有内容，摩挲不刺手，细玩出韵味。我们玩石头很多年，追的就是宝庭师傅精湛的工艺。"

古兽雕刻——巧用石色 合璧精华

寿山石雕的古兽由传统印钮上的动物演变而来，有品赏把玩功能。周宝庭在掌握东门派注重造型、尖刀深刻、剔透灵巧的技艺后，又潜心钻研西门派的圆刀浅刻，创作出千姿百态而又韵味无穷的古兽作品。这些古兽憨厚而不失古朴典雅，可爱而不失气势威风，是其最出色、最有创意的一类作品。

据王一帆介绍，巧用石色是周宝庭古兽作品的突出特点。淡色者多刻制羊、兔、鹿、象等温顺动物，色彩浓重者多雕镂虎、豹、狮等威猛之兽，依天然造化而取巧点化，人工与天然相得益彰，浑然一体。被国家邮电部选为邮票图案的作品《犀牛沐日》被誉为寿山石雕的巧色典范。

融汇贯通，合璧精华，是周宝庭寿山石雕技法的重要特点。无论蹲、卧、奔、立多种形态，都雄浑有力，生动多姿又耐人寻味。专家评价："握不刺手，划不刮脸，圆中带方，方中带圆，观之有角，触之无麟。"代表作《九螭虎穿环》运用不同的刀法，或沉着刚健，或圆润流畅，既朴茂又剔透，九只螭虎穿盘曲旋于五个环壁之中，相互呼应、遒健灵动、逶迤动人。

为了让古兽作品有装饰性，周宝庭还认真研究古代青铜器纹饰与汉唐瑞兽造型，使寿山石雕古兽既神情毕肖又富有装饰味。其古兽的胸部及股处常旋以螺纹，既符合动物结构原理，又增强雄浑感。从其古兽作品可以窥见两汉艺术之拙重、六朝艺术之飘逸以及唐代艺术之富丽，恰到好处地体现出中国人追求的情感观念和理想。

周宝庭曾受教于郑仁蛟，郑仁蛟临终前将珍藏的《古兽图谱》传授予他，但因意外烧毁，周宝庭年迈退休后仍留在厂里，凭着记忆重绘图谱，古稀之年仍孜孜不倦，创作出《二十八古兽印钮》，成为后人品赏学习的典范。

■ 犀牛沐日

■ 九螭虎穿环

人物雕刻——传神写照 气韵生动

　　人物雕刻贵在气韵传神。周宝庭未受过私塾教育，也未进修过西方美术理论，但却以悟性为原石赋予灵魂。他喜欢用大轮廓勾画人物的体态、情境，古朴浑融，细节处刻画人物的神态、衣褶，典雅深情，寻求艺术形象空间感与时间感的统一。

　　周宝庭的人物雕品融合理想与现实之美，传神写照，气韵生动。其另一类代表作"仕女"系列雕品，保留原料特质，构图饱满、古朴典雅，以浑朴的刀法展现"古美"风貌。如《坐鼓仕女》《黛玉葬花》《仕女》等作品，不拘泥于忠实再现对象，

■ 仕 女

而是通过浑朴的造型、静中有动的身姿、圆顺的刀法传达出人物的精神气质，展现出思想情感之美。

　　周宝庭是新中国成立后寿山石雕界的典范，是 20 世纪难能可贵的寿山石雕艺术大师。综观其传奇艺术生涯，周氏寿山石雕艺术传承传统雕刻艺术的精髓，用流畅的线条语言勾画人物的含蓄蕴藉，以古朴典雅的审美理念表现作品的气韵传神，以丰富的情感内涵呈现艺术的真善美，为人们提供了品赏、抚玩和研究的无限空间，实乃东方艺术之瑰宝。

艺术传承

高尊贤 – 周宝庭徒弟。台湾知名雕刻家，擅长"东门派"圆雕技法。

林元康 – 周宝庭徒弟。1925 年生，擅长圆雕人物，高级工艺美术师，第五届中国工艺美术大师。

周则斌 – 周宝庭之子。1930 年生，1994 年逝世，擅长人物、花果圆雕，尤喜创新，探索石雕新题材、新技法。

周娟玲 – 周宝庭孙女。1961 年生，现任福州石雕艺术厂寿山之家主管。

阮章霖 – 周宝庭徒弟。1943 年生，高级工艺美术师，特级名艺人。

林永源 – 周宝庭徒弟。1945 年生，擅长古兽雕刻。高级工艺美术师，一级名艺人。

王一帆 – 周宝庭徒弟。1953 年生，擅长人物、古兽雕刻，兼工篆刻。高级工艺美术师，福建省工艺美术大师。

俞世英 – 周宝庭徒弟。1948 年生，擅长人物、花鸟以及高浮雕。高级工艺美术师，福建省工艺美术大师，福州市特级名艺人。

林亨云

　　1921 年生于福建省福州市。高级工艺美术师，中国工艺美术大师，中国寿山石雕刻大师，国家级非物质文化遗产"寿山石雕"代表性传承人。中国工艺美术研究院文化艺术市场研究中心研究员。

艺术生涯

1979 年，作品《金鱼》获福建省手工业局优秀作品奖。

1982 年，《锦鳞游乐》获中国工艺美术品"百花奖"二等奖。

1989 年，《熊》获福州市工艺美术"如意奖"二等奖。

1990 年，《金鱼》获福州市工艺美术"如意奖"一等奖。《海底世界》获中国工艺美术"百花奖"珍品金杯奖，被福州市三坊七巷"福州雕刻艺术馆"收藏。

1992 年，《北极熊》获福州市工艺美术"如意奖"特等奖。《寒冬一霸》获福州市工艺美术"如意奖"特等奖。《亲妮》获福州市工艺美术"如意奖"二等奖。

1998 年，《北极一家》获福建省文化厅特等奖。

艺术概况

寿山石雕发轫于南朝，兴于唐宋，昌盛于清朝。作为乾隆皇帝玉玺的石料首选，寿山石在众多玉石品类中独占鳌头。在驰名中外的寿山石雕界，林亨云大师以"熊"和"金鱼"两大题材冠绝群雄，素有"鱼与熊掌兼得者"之美誉，其作品在拍卖市场上屡创新高，是国内外拍卖收藏界的热点。

鱼与熊掌兼而得之

林亨云自幼跟随舅父陈发坦学习木雕，汲取各家精华，兼擅木雕、牙雕、寿山石雕，最终在寿山石雕这一领域脱颖而出，成为"鱼与熊掌"兼而得之的艺术大师。

多年创作，林亨云认为细心观察、搜集资料和思考领悟是其成功的重要因素。"为了将海底世界的鱼表现得栩栩如生"，他说，"趁出访美国夏威夷与香港

■ 海底世界

海洋公园的机会，细心观察琢磨各种热带鱼的形态，回国后又努力搜集各种热带鱼、贝类与珊瑚的资料，终于将《海底世界》完整呈现出来。"

1990 年，林亨云的经典之作《海底世界》在洛阳参评，惊艳四座。作品以夸张的艺术手法，巧妙利用天然俏色和镂空技法，汲取象牙和黄杨木雕刻技巧，雕刻出一群游曳于海底珊瑚丛中的热带鱼。作品色彩俏丽，层次分明，搓摩光洁，有如幻影，载入中国寿山石雕史册。

良好的观察思考习惯同样贯穿于林亨云的熊雕创作中，表现出其对艺术创作的敬畏之心。长期与石头相伴，林亨云发现寿山石中黑色的豆耿石与白色的焓红石是雕刻黑熊和北极熊的极佳材料。为此，他先后选用寿山纯白旗艮、焓红旗艮、黑色豆耿石，用木雕刀法雕刻熊毛，创作出黑熊、白熊、褐熊等，不但形似，而且富有人格化情感，茸茸熊毛的表现上尤有独到之处。

■ 亲昵

通过细心的观察，林亨云发现，熊毛分布的走向与规律有所不同，先分大毛后分小毛，熊毛才会自然松动。为此，他自制了锐利的正刀、立刀与回转刀等挑熊毛的工具，区别使用。对于卷曲的毛，只能用回转刀，若用正刀与立刀，挑出的毛就不柔软自然。在林亨云看来，熊身上的毛千变万化，各个部位的毛深浅、纹理、走向、疏密皆不同；陆地上行走与从水中钻上来的熊、黑熊与白熊、小熊与成年熊等都不同，毛发处理方式也有所区别。

谈起林亨云的北极熊系列作品时，藏家最深的感触有两个：一是北极熊栩栩如生，呼之欲出；二是北极熊身上的毛发给人极其真实的质地感。这些熊或坐，或爬，或嬉戏，或逐食，逗人可爱。该系列作品以色调单纯、生动活泼、憨态可掬的熊表现出世间的温情。评论家指出，林亨云的动物雕品具有广泛的社会生态学意义。

一位优秀的寿山石雕艺术大师在任何艺术细节上都会一丝不苟、精益求精，以精湛的艺术创作激活原石的

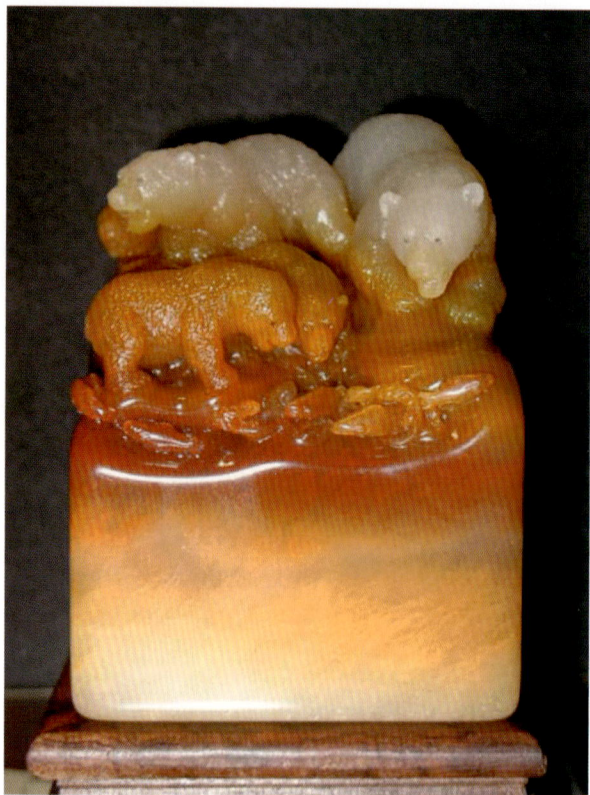

■ 熊 雕

灵性，赋予原石新的生命。林亨云丰富了豆耿石与焓红石的艺术表现力，是寿山石熊雕艺术的奠基者。

拍卖市场上的热门艺术大师

目前，寿山石雕精品是拍卖收藏市场的主流，林亨云的熊雕作为中国嘉德、福建东南拍卖的作品征集重点，是收藏界追捧的典藏珍品。

2013年，国内六大拍卖机构共上拍10件林亨云的作品，成交率100％，总成交额为356.73万元，与2012年同比增幅达88％。其中，芙蓉石《熊钮方章》以201.25万元于中国嘉德成交。另一作品焓红石《寒天双霸方章》，自2009年至2012年三年间价格增长353％。在当前的市场环境中，对于寿山石的收藏与投资来说，这种稳健的保值和增值效应无疑是一种强有力的鼓舞。

林亨云的作品多使用豆耿石与焓红石等较为普通的寿山石材，因此他的作品在拍卖市场上的价格往往能反映出寿山石雕工艺本身的价值，而非寿山石雕的材料价值。这些数据既代表了收藏界对林亨云大师雕刻技艺的肯定，也在很大程度上反映出收藏群体对寿山石雕这一艺术门类的认可度。

林亨云不仅扩大了寿山石雕的审美品类，化普通的寿山石材为艺术珍品，而且提高了寿山石雕的审美品格，实践"崇尚艺术价值"这一理念，带动寿山石雕艺术化、审美化、现代化新趋势。他以实际行动为寿山石和个人赢得荣誉与尊敬，是中国寿山石雕界功标青史的艺术大师。

艺术传承

林　飞 - 林亨云次子。1954年生，1981年毕业于福建省工艺美术学校，1989年结业于广州美术学院，擅长文学作品、历史典故中的传统人物及"仕女"题材。高级工艺美术师，中国工艺美术大师，中国玉石雕刻大师。

林　东 - 林亨云四子。1957年生，擅长寿星、仙童等人物圆雕和印钮雕。高级工艺美术师，中国玉石雕刻大师，福建省工艺美术大师。

林凤妹 - 林亨云之女。1959年生，擅长熊雕。福州工艺一级名艺人，福建省工艺美术名人。

第四届中国工艺美术大师

冯久和

　　1928年生于福建省福州市。高级工艺美术师，中国工艺美术大师，国家级非物质文化遗产"寿山石雕"代表性传承人，中国工艺美术终身成就奖获得者，中国艺术研究院研究员。

艺术生涯

1958年，作品《丰产母猪》得到社会各界好评，《福建日报》对此进行专题报道。

1958年，《果园》参加福建省工艺美术会议新产品、新工具观摩评比，获"个人创作奖"。

1972年，《花果累累》（后改名为《含香蕴玉》）参加全国工艺美术展览会，获中国工艺美术品"百花奖"优秀作品奖。1973年被中国工艺美术珍宝馆收藏，该作照片作为《中国工艺美术》封面照片，后又选作"寿山石雕"邮票图案。

1974年，《欣欣向荣》被福建省人民政府收藏，陈列于福建省人民政府接待厅。

1977年，《花果匜》《香果盘》获福建省手工业管理局、外贸局、商业局授予的"优秀作品奖"，1978年选送参加全国工艺美术展。

1982年，《庆丰篮》获中国轻工业部"全国石雕行业质量优秀产品奖"。

1983年，《鸟鸣花果艳》参加由福州雕刻工艺品总厂和故宫博物院联合在京主办的"寿山石雕展览"。

艺术概况

在当代寿山石雕艺坛，冯久和是富有巨大影响力的宗师，以独特的冯氏艺术语言和诗性气质将寿山石雕艺术气势磅礴地呈现在中国玉石雕刻的审美世界里。数十年来，冯氏寿山石雕保持极高的艺术水平，受到收藏者的长期追捧，对寿山石雕艺术的蓬勃发展起到举足轻重的作用。

首创大型花果题材 开拓审美领域

就中国工艺而言，艺术之魂在于精湛技艺与艺术创造力的完美融合，冯久和兼而有之，他开拓了寿山石雕的审美领域，创立了独特且鲜明的雕刻题材——花果系列、群猪系列、梅雀系列、松鹤系列，为寿山石雕开辟气势磅礴、酣畅淋漓的审美风格。

上世纪70年代，冯久和开创寿山石雕花果类型巧色题材，将"因材施艺、巧取天然"和独特的谋篇布局等技巧发挥得淋漓尽致。1972年，巨作《花果累累》横空问世。该作集中表现不同季节的花果，突破时间限制，借鉴中国画的意境，大胆谋篇布局，展示出丰富的想象力和创造力。作品送往北京展览，誉满京城。邓小平同志莅临参观，评价作品说："福建的寿山石雕，俏色利用极美、极美！"

■ 花果累累

　　冯久和的花果作品并不局限于花与果的结合，还综合表现各种鸟类及昆虫，展现出生机盎然、丰富多彩的自然世界。其花果题材作品之美首先在于巧取俏色，巧妙呈现出娇媚的花卉时果，新鲜欲滴，几可乱真。其次在于布局之美，主题突出，层次上或隐或现，位置上前后呼应，布置上注重虚实结合、疏密有序。最后是无与伦比的气势美，融雕塑的体量感与意境的提炼于一体，展现出力量之美。

　　镂雕技艺是冯久和运用于花果、花鸟作品中的绝技。在《鸟语花香》中，他先雕刻出鸟笼外形和内部景物，然后建立镂空孔，用适当的钻具、长臂凿削鸟笼内多余的部分石块，凿出鹦鹉初坯；接着用刀精雕细琢鹦鹉。该作还结合链雕技法，在鹦鹉架上镂雕两个活环，风一吹，鹦鹉和活环就会晃动，似乎振翅高飞，展示出空灵之美。

　　《花果累累》是冯久和艺术道路上的里程碑，首开中国大型寿山石花果题材雕刻的先河。从此，寿山石雕花果篮成为深受收藏家钟爱的现代工艺品，冯久和的花果篮题材作品在拍卖市场上亦屡创高价记录。上世纪70年代，该作在日本展出时，受到日本友人的极高评价，竞相以高价求购。

　　1996年，大型花果石雕《争艳》以人民币135万元成交，创下田黄石之外的寿山石雕最高价位。2011年，冯久和与冯其瑞、冯伟祖孙三代历时十余年创作的巨作——五彩善伯洞石《国富延年》在福建省博物院举行为期一年的展览，这是历史上首次省级以上博物馆为一件寿山石雕作品举办特展。

■ 鸟语花香

丰富审美品类 展现艺术创造力

七十余载峥嵘春秋，冯久和始终保持巨大的创作热情，在作品中融入神思激越、逸兴飞扬的艺术风格。在冯久和的艺术馆里，群猪、梅雀、松鹤等自然界的精灵纷至沓来，构成春意盎然、丰富多彩的寿山石雕艺术世界。

以《福临门》《福满门》为代表的群猪题材寄寓冯久和浓烈的乡土田园诗情。经过艺术化表达，其寿山石群猪题材富有浓浓的人情味，呈现出幸福家庭的氛围与生命的朴实，流露出浓厚的生活气息，讴歌千古不变的亲情。

在冯久和的工作室，年近80高龄的冯老指着橱柜里的群猪作品，笑着说："一般来说，猪是丑的，可是我的不同，我刻的猪是美的。我的体会是，母猪出去玩了以后回家来，她刚躺下准备给小猪喂奶，小猪高兴得嗷嗷直叫，相互挤的这个场面很热闹。我刻的猪都是笑脸猪，我的猪传递的信号是美的。"

在母猪题材作品中，丰满的肉感下面是坚实的骨架结构，展示出猪的立体姿态。母猪脊背的线条具有力量美，富有动感与气势，体现出猪的力量、平衡、姿势。冯久和说："艺术来自生活。为了构思猪的艺术形象，要熟悉猪的生活习惯，观察它的情感表达。只有做到这一点，作品才能引起观众的联想，也才能感染观众。"

退休后，宝刀不老的冯久和又开拓出梅雀和松鹤两大题材。梅雀题材作品主要以"石中之后"芙蓉石为材，使用圆雕结合浮雕技法，借石之温润凝腻表

■ 丰产母猪

现古梅奕奕之美，表现雀鸟枝头高歌的吉祥气息。松鹤题材不仅展现出仙鹤的形态美，而且借景移形，创造了更为深广的意境之美。

■ 松鹤延年

深耕寿山石雕数十载，冯久和一方面追求返璞归真，一方面追求华美高贵，不断更新艺术思维，开拓寿山石雕的审美领域，为寿山石雕的国石地位增光添彩。他的作品完全体现出国石应有的艺术水平，与其他艺术大师一道，共同开创了寿山石雕"百花齐放"的局面，影响了整整一代寿山石后辈，是中国寿山石雕界的领军人物。

艺术传承

冯其瑞－冯久和之子。1952年生，擅长"福满门"群猪题材。福建省工艺美术名人。
冯　伟－冯久和之孙。1975年生，2006年进修于福州大学厦门工艺美术学院，擅长花果、动物。福建省工艺美术大师，全国青年优秀工艺美术家。

第五届中国工艺美术大师

郭懋介

1924 年生于福建省福州市，2013年逝世。高级工艺美术师，中国工艺美术大师，中国玉石雕刻大师，中国宝玉石协会理事，福建省寿山石文化艺术研究会顾问，福建省民间艺术家，福州市工艺美术特级名艺人。

艺术生涯

2000 年，作品《双星图》获第二届中国工艺美术大师精品展金奖。

2002 年，《羲之爱鹅》获中国华东工艺美术精品奖金奖。

2004 年，应聘为"西泠印社第五届篆刻艺术评展"印钮薄意项评委。

退休后，郭懋介先后在海内外十余家大型刊物发表论文多篇，获福州市论文奖。

■ 蕉叶纳凉

艺术概况

　　郭懋介是国内寿山石雕界公认的标杆性人物，曾影响台湾收藏市场数十年，业界誉为"才高北斗，艺震亚洲"的治石大师。其作品题材广泛，擅长人物圆雕及浮雕、薄意，兼工篆刻、书画。他由人物圆雕成名，后以雕刻薄意著称，文学底蕴深厚，艺术境界高远，融诗书画篆于一炉，集"东门派"与"西门派"精髓于一身，是自清代以来闽中少有的全能艺术家。

田黄薄意 高古典雅

　　郭懋介幼年受教于私塾，看书习字、吟诗作画，打下良好的国学基础。早年学艺于东门派传人林友竹，得圆雕精髓。抗日战争爆发期间，郭懋介逃难至南平，在"点石斋"刻印店以刻印为生。机缘巧合，入金石书法家高拜石门下，与金石书画家沈觐寿、潘主兰、郑乃珧等人结识，在相互交流中，其篆刻、书法和绘画技巧都有了全面的提高，为从事雕刻打下良好基础。1939年，郭懋介就职于福州市工艺美术局，无暇精研雕艺，四十年后正式退休，才重拾刻刀，毕力雕刻。

　　郭懋介的寿山石雕高古典雅、韵味隽永。圆雕作品构思敏巧，生动传神，妙趣横生。薄意则搭配浮雕效果，空间感极佳，细工处尤为精密，风曳柳条，美不胜收。薄意写物则韵味传神，灵妙活现，有画鹅垂典于世。薄意山水更是

■ 香山九老

精妙绝伦，山灵水秀，视通万里，想落天外。

郭懋介认为，"昨日之新即今日之传统，而今日之新即明日之传统"，因此，他注重继承传统，用刀尖利，取法高古。同时，又师古不泥，率真自然，意境深邃。

在材质的选择上，郭懋介偏爱田黄，他认为佳石难得，田黄这种不可再生石材尤甚。但良材必要精工，方出精品。田黄素称"石中之王"，石质通透润泽，肌理细腻，色泽纯净，千金难觅。晚年时体力不支，郭懋介有意减少创作数量，非田黄不刻，以保证质量。

代表作《香山九老图》的原材是重约1000克的田黄冻石，石型自然饱满，光嫩圆滑，通体呈现富丽高雅的橘黄色。山水相映，崖石奇叠，乡间垂柳，横舟待渡，如身临其境。作者将田黄冻的结晶纹理构思成万丈瀑布，红筋格用作层峦叠嶂，九尊老人各有雅趣，栩栩如生。老画家谢稚柳观后吟诗赞赠："春风杨柳千万枝，嫩于金色软如丝；瀑布清泉源九天，别有天地非人间。"

德艺双馨 收藏界的良心

在台湾追捧石料的年代，台湾收藏家戏称郭懋介专刻废料，甚至是故意专雕边角料，对此，郭懋介直言："我卖的是我的工艺。"其艺术精品和艺术理念为台湾收藏界所折服，影响了台湾此后30年的收藏价值观。

郭懋介是影响台湾寿山石界最大，与之互动最深刻的大师。其艺术家风骨与形象为台湾收藏界所赞誉，是公认的清高儒雅的大师。郭懋介平时深居简出，素爱博览群书，喜游名山大川，文学艺术底蕴深厚。因此，其薄意作品呈宋元风韵，艺术境界高远。

针对市场上冒名仿造、以伪乱真的风气，郭懋介自制石雕收藏证书，收藏证书以柯达相纸制

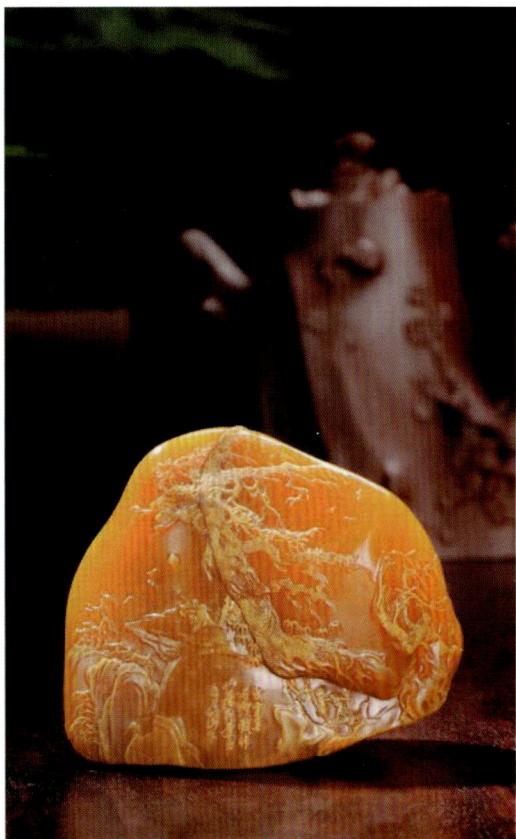

■ 山居即景

成，以高拜石的书法为背景，作品照片背后有规格、重量、亲笔签名，加盖专用钢印。此举有效维护了作者和藏家的权益，堪称业内楷模。

20 世纪 80 年代以后，台湾成为寿山石最大收藏地，以当时的寿山石市场行情，郭懋介的作品代表寿山石雕至高的收藏等级，是寿山石界身价最高的雕刻家。郭懋介坚持明码标价，统一收费标准：普通品种的寿山石雕，根据大小来定报酬，例如，田黄雕件制作费早期每两二万元，一视同仁地公开报价，在 80 年代的台湾可谓开行业先风。

郭懋介对寿山石雕的态度有三：一是永葆对艺术的敬畏之心，厌弃不求甚解、以卖艺之心对待雕艺。二是珍惜良材，厌弃佳石拙作，浪费稀有资源。三是艺尽其材，俏色巧雕，厌弃生摹硬套、暴殄天物。

郭懋介的作品深得海内外收藏家青睐，在国内拍卖市场亦有众星捧月之势。作品《山居即景》为郭懋介于 1998 年所作，原石为 390 克田黄，在 2013 年福建东南秋拍中以 3680 万元成交，打破郭功森大师于 2011 年创下的拍卖记录，成为近现代名家创作寿山石雕拍卖最高价，亦是当代田黄石雕拍卖最高价。

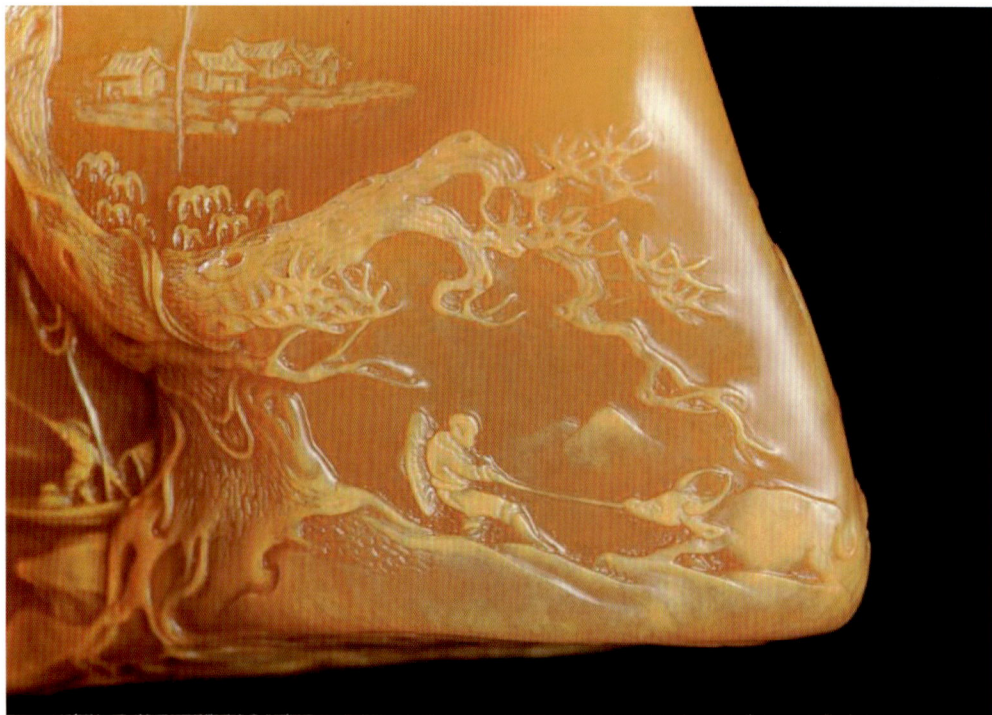

■《山居即景》细部图

"清白传家"——家训背后的温情

今天位于福州寿山石文化城中的"怀德轩"由郭懋介生前创立，其正厅挂着一幅中堂："清白传家"，使转流畅，清俊秀雅，为郭懋介生前亲笔所写并立为家训。

一生痴迷石头，郭懋介又名"石卿"，将毕生感情投注于灵石中。人皆知石卿爱石，却不知石卿更爱党。据儿子郭卓怀回忆，加入共产党是父亲一生中最引以为豪的事，陪伴父亲几十年，体会最深的就是他对党的忠诚。由于新旧社会对比悬殊，而晚年生活富足，得以专心投身艺术创作，对郭懋介而言，这一切都应归功于党。甚至在晚年疾病缠身时，他还坚持参加党员活动，保持每日读报的习惯。

在郭卓怀看来，父亲最开心的时刻就是享受天伦之乐。每年春节，家人欢聚，儿孙满堂，已过耄耋之年的郭懋介就会格外开心。正是这份淡然的处世风格、质朴的情感诉求，奠定了石卿作品的深厚内涵和典雅气质，为观赏者带来意韵悠长的审美享受。

郭懋介以气度与风骨树立了行业规范，以智慧和修养打造出与时俱进的寿山石文化，以胆识和勇气缔造着传统石雕的艺术传奇。他以严谨、勤奋和儒雅为寿山石雕产业的腾飞作出卓越贡献，更以淡泊名利和率真的人生态度诠释了一代艺术大师的人格风范。

艺术传承

郭卓怀 – 郭懋介之子。1955 年生，擅长吉祥情趣的题材，文人韵味浓郁。高级工艺美术师，福建省工艺美术大师，福建省民间艺术家，福建省寿山石文化艺术研究会副会长。

第五届中国工艺美术大师

林元康

1925 年生于福建省福州市。高级工艺美术师，中国工艺美术大师，福建省工艺美术大师，福州市工艺美术特级名艺人，工艺美术专家。

艺术生涯

1956 年，作品《拾麦穗》获福建省民间美术工艺展二等奖。

1958 年，《儿童菜园》《面具》获福建省工业厅文化局个人创作奖。

1960 年，《寿桃献给毛主席》于北京展览，《人民日报》以"瑰丽多彩的福建美术工艺：寿桃献给毛主席"为题广为报道。

1975 年，参加《长征组雕》创作，任组长，完成《巧渡金沙江》部分，《长征组雕》被中国军事博物馆收藏。

1982 年，赴日本交流雕刻艺术。

1985 年，《铁拐李》获第五届全国工艺美术大赛优秀创作奖。

1987 年，《武夷山水》获福建省二轻厅优秀作品奖。

1996 年，赴新加坡举办"八大元老作品展"。

多件作品被中国军事博物馆、福建省博物馆、福建雕刻艺术中心珍藏，大型寿山石雕《愚公移山》《飞夺泸定桥》《亚非拉风暴》等被中国香港、中国澳门、马来西亚收藏家珍藏。

艺术概况

在寿山石雕界，林元康大师以气韵生动之笔勾勒出国石神韵，以非凡的鉴赏力与判断力独树一帜。综观林元康的作品，郁然有采，金声玉振，观山水巧色，有逾画工之妙，赏人物圆雕，尽显气韵之神。他将一生的经验与深情注入寿山石雕，是中国寿山石雕界德高望重的艺术大师。

人物圆雕 简洁洗炼出韵味

躬耕石雕70余年，林元康雕艺精湛，精通画理，以人物、山水见长。业界认为，其人物圆雕构图饱满，技艺精湛，形神兼备，处理手法简洁，富有神来之笔；山水题材作品布局完整，气势十足，以散点透视法烘托石之丹青，是画理与技艺的完美结合。

在林友竹、周宝庭等老一辈寿山石雕名家的精心指导下，林元康在传统技艺上达到极高的境界。1958年，林元康被选送到浙江美术学院进修学习，结识了青田石雕大师潘雨辰。在潘雨辰的启发与鼓励下，林元康领悟了国画中气韵生动的原理，学习了西洋画的诸多技巧，对寿山石雕创作有了新的认识。自此，他的作品褪去繁复的工艺，走向简洁，追求韵味。

■ 铁拐李

旗降石作品《铁拐李》为林元康的得意之作。该作为传统人物题材，人物脸部的轮廓、背后的装饰皆按照传统的方法处理，但人物的肌肉刻画得很细致，对结构和造型的处理方式又是学院式的。铁拐李身边的独角灵兽也活灵活现，人跟动物之间融洽的关系一目了然。

大作一出，当即轰动寿山石雕界。如今，这件已经成为寿山石雕界的标志性精品，长期在福州市刀刻艺术中心展示，供来自海内外的艺术爱好者观赏学习。

60岁以后，林元康的作品风格更趋简单。他说，从事寿山石雕的艺术家，通常会经历"从简单到复杂，从复杂到简单"的过程。年轻时学艺追求掌握复杂的工艺，晚年则逐渐转变艺术风格，追求刀法上的简单，"简单的作品韵味更足，更能体现一生的艺术积累。像我晚年所做的弥勒佛、铁拐李等作品，都是往简单里走"。

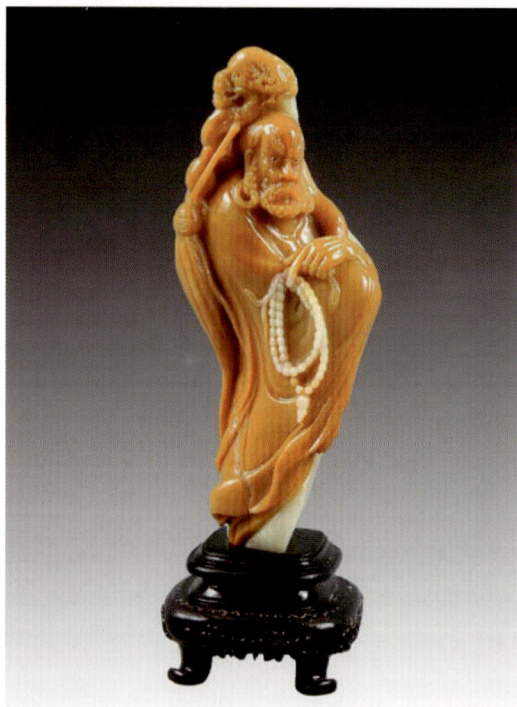

■ 达 摩

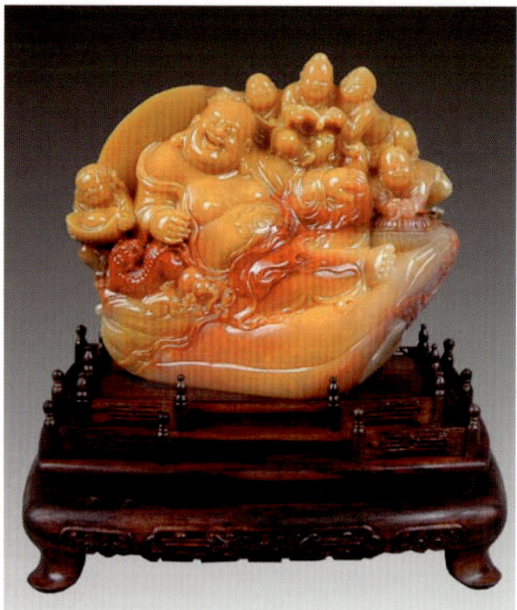

■ 皆大欢喜

山水巧色 寓画理于相石

在山水题材的寿山石雕作品上，林元康因石而异，采用不同技巧，将相石与画理融为一体，把圆雕、薄意、镂空雕、钮雕等各种技法融于一身，将不同凡响的鉴赏力与判断力表现得自然淡定。

林元康认为，解石先相其理，是寿山石雕创作的要诀。除了相石，还要精通画理，善于把国画中浓淡笔墨技法灵活巧妙地运用到山水雕刻中。虚实相生、明暗结合、远近皆宜、留白手法……在林元康的锋利刀刃下，脂润光洁的寿山石变得灵动有致，观者无不惊叹画理与巧色的完美结合。

1975年，为纪念中国工农红军长征胜利40周年，时任工厂创新小组组长的林元康负责《长征》组雕项目，带领其他创作设计人员重走红军路，搜集原始素材，设计草图泥稿。其创作的作品《巧渡金沙江》，用山势的险要、江水的湍急，生动刻画出红军巧渡金沙江的历史场面。《长征组雕》七件作品的问世，意味着石雕在表现重大历史题材上有了划时代的突破。

■ 铁拐李

　　林元康以精湛的技艺，在高手浩如烟海的工艺品界闻名遐迩，成为寿山石雕界的骄傲。出色的表现和随时听从祖国召唤的爱国精神，带给人们的思考远远超过艺术本身。对祖国的情感，对艺术的精进和对未来的期待，都将使他成为中国寿山石雕界的历史性人物。

艺术传承

王铨俤－林元康徒弟。1954 年生，1981 年毕业于福州工艺美术学校，擅长圆
　　　　雕人物，尤以观音造型为佳。高级工艺美术师，福建省工艺美术大师，
　　　　福建省民间艺术家，福州市工艺美术特级名艺人。

林　霖－林元康之子。1968 年生，1991 年进修于景德镇陶瓷学院，擅长圆雕、
　　　　高浮雕。高级工艺美术师，福建省工艺美术大师，福建省高级技师，
　　　　福州市特级名艺人。

第五届中国工艺美术大师

林发述

1929年生于福建省福州市。高级工艺美术师，中国工艺美术大师，中国工艺美术终身成就奖获得者，中国玉石雕刻大师，福建省寿山石文化艺术研究会高级会员。

艺术生涯

五六十年代，作品《长征组雕——延安》《红色闽西组雕——龙岩新邱厝》等六件分别陈列于北京人民大会堂总理接待室、福建厅、台湾厅、全国政协礼堂会客厅、轻工部和中国军事博物馆；作品多被中国工艺美术馆、福建省博物院、中国寿山石馆和福建省工艺美术珍品馆等收藏。

1972年，《鱼游海树》参加全国美术作品展览；1977年，该作被选送参加在日本举办的"中国工艺美术展览会"。

1976年，《雏鸡》入选全国工艺美术展览。

1984年，《罗汉》获中国工艺美术品"百花奖"优秀创作设计二等奖。

1997年，《三仙醉酒》收录于中国邮电部门发行的《寿山石雕》中，更名为"醉入童真"，被福建省工艺美术研究院珍品馆收藏。

改革开放后，林发述大师的作品誉满东南亚、香港、台湾等地，广受追捧。

1998年，林发述传略被《世界华人文学艺术界名人录》收录。

艺术概况

　　林发述大师是将传统与现代完美结合的艺术典范，其艺术生涯堪称后辈中青年艺术家学习寿山石雕的典范。业界认为，林发述拓宽了寿山石雕领域，开创佛雕新境界，首创"海底世界"新题材，丰富了寿山石雕的表现内容，以包雕新技法在寿山石雕艺坛独树一帜。

佛雕人物新境界 海底世界新题材

　　说到林发述的艺术风格，就不得不提到他在绘画、音乐、历史等方面的学识与修养，正是这种"功夫在诗外"的艺术修养，使他达到"雕外求雕"的境界。林发述很早就致力于国画写意花鸟和人物，还爱好民间音乐，闲时喜用二胡拉两曲闽剧小调。闲暇之时，林发述尤喜通读历史典籍，研究佛像艺术风格，同佛门弟子为友，听讲佛经典故。

　　有了这些修养，再加上个人的勤奋与努力，林发述的寿山石雕作品形成独特的艺术风格——富有画意而趣味无穷。他把学到的美术基础知识运用到寿山

■ 三仙醉酒

石雕的古典人物塑造上，彻底跳出传统寿山石雕的窠臼。借鉴国画的大写意手法，人物形态构思大胆，形体塑造讲求比例，将传统人物塑造中夸张的头部比例缩小，衣褶处理更加简洁明快。之后，他以刀代笔，借鉴李耕的佛像艺术，作品古朴凝重、诙谐自然、新意迭出、情趣逼真、神韵毕现、讲求对比、手法洗练，开创佛雕的新境界。

代表作《三仙醉酒》是林发述从艺 60 余年来最满意的作品。访谈期间，林发述动情地说："它是我一生中最旺盛精力和智慧的结晶，是国画艺术、雕刻艺术与寿山石巧色的最完美结合，是精心设计与扎实功底的最好体现。"该作一经问世，即成为业界焦点，代表当代寿山石雕最高艺术水平，被收录到中国邮电部门发行的《寿山石雕》中，更名为《醉入童真》。

林发述不仅在传统人物雕塑上别开生面，而且首创"海底世界"题材，开拓寿山石雕热带鱼的表现领域。1972 年，林发述首创用五彩缤纷的高山石雕刻群鱼在水中穿梭游乐，首次将"海底世界"题材搬上寿山石雕。该题材在诞生之际面临诸多难题，在多方考虑之后，他决定采用国画中"写意"手法，营造"动"的意境，让人在观赏静态寿山石雕中感受到鱼的游动和水的流动。他将中国绘画艺术的布景、会意、含蓄等手法运用到这个作品中，从"无"中发现"有"，以"静"来表现"动"。作品用鱼首尾和身上各个部位的形态变动表现其在水中游动的姿态。该作品 1976 年入选全国工艺美术展览，得到全国工艺美术界的高度赞誉。

■ 双子弥勒

现藏于厦门市海峡文化艺术品保护基金会

述派人物雕刻新技法——包雕

在灵感与技艺的不断激发下，林发述展示出天赋异禀的艺术创造力，分别于1972年、1986年和1987年开创海底世界、民国仕女、人鸟合一等新题材。如今，这些题材的作品在寿山石雕中已占据相当大的分量，其传统与现实相结合的技法，影响了寿山石雕一代新人，后辈多学习与仿效其构图、线条和造型。凡取法于他的作品，人们称为"述派"。论及林发述对行业的影响，首推他于1967年独创的全新人物雕刻技法——包雕。

包雕，又称"苞雕"，即人物"含苞"雕刻技法，从圆雕技法衍化而来，是寿山石中有"银包金"或"金包银"现象的旗降、善伯和荔枝等石种最理想的雕刻技法之一。包雕技法饱满圆润，不仅可以塑造出丰厚壮实的体态，也能给予观者一种强有力的视觉感。

包雕的特点是焦点集中、主体突出。一件人物作品，最重要的地方是脸部和两只手的动作。包雕技法将石头最漂亮的部分雕刻成最能表现人物动态的头部、手势等，做到焦点集中、主体突出。另一特点是对比强烈，包括色彩对比和手法对比。作品外部似花

相濡以沫

瓣、花萼，写意、圆润、流畅；内部如花蕊，写实、俏丽、醒目。半隐半现的处理手法，更有一番别样情调和独特的艺术效果。

以《相濡以沫》《小可爱》等为代表的包雕作品将中国绘画大写意的特点和寿山石雕技艺完美地融合。此类作品外形圆润，适合把玩，一经推出，深受国内和台湾地区收藏家的喜爱。此后，林发述又将题材拓展到鸟类等小动物，先后创作了数百件包雕作品。

在当代寿山石雕领域，林发述是后辈中青年艺术家学习的榜样，他开创的新题材、新技法，丰富了寿山石雕刻的艺术表现力，成为寿山石雕刻艺术史上的里程碑。林发述本人亦因巨大的艺术成就，被业界尊称为寿山石雕艺术界的泰山北斗，享誉海内外寿山石艺坛。

艺术传承

陈益晶－林发述女婿。1957 年生，高级工艺美术师，第六届中国工艺美术大师。

林其臻－林发述之子。1971 年生，1992 年毕业于福州工艺美术学校，擅长薄意、人物圆雕。福州市寿山石行业协会会员，福建省寿山石文化艺术研究会会员。现任希艾寿山石艺职业培训学校副校长。

林　城－林发述之孙。1990 年生，2013 年毕业于闽江学院海峡学院艺术设计系，擅长人物圆雕。

第五届中国工艺美术大师

王祖光

　　1942 年生于福建省福州市。高级工艺美术师，中国工艺美术大师，中国玉石雕刻大师，福州市工艺美术特级名艺人，中国工艺美术学会石雕艺术专业委员会会长，海峡寿山石文化研究院鉴定委员会主任，台湾印石艺收藏协会顾问。

艺术生涯

1963 年，作品《少年英雄张高谦》获福建省工艺美术展览会一等奖。

1984 年，赴新加坡举办"首届寿山石雕艺术展"，《联合早报》以"石中帝王下南洋"为题，每天跟踪报道，展览大获成功。

1995 年，《竹观音》《云岩弥勒》分别获福州市"如意奖"一等奖。

1996 年，赴台进行海峡两岸寿山石雕艺术交流考察活动，在台北"羲之堂"画廊举办"寿山石作品展"。

1999 年，《五子祝寿》获福州市"如意奖"二等奖并精制成"中国邮政明信片"在全国发行。

2001 年，《立观音》获中国工艺美术精品博览会金奖。

2003 年，《祝福》获中国工艺美术大师精品博览会金奖。

2004 年，《送子观音》获中国工艺美术大师精品博览会金奖。

2005 年，《卧观音》获中国工艺美术大师精品博览会传统艺术金奖。

艺术概况

综观千年寿山石艺苑，名手巨擘接踵而至，王祖光大师以天赋异禀，寓观音以时代感，在中国寿山石雕艺坛享有"观音王"之誉。读览王祖光的艺术生涯，古今人物，传神写照，深造其理，尤擅观音造像，清典可味，雅润端庄，可称古今绝响。

单色冻石 典雅端庄

凭着扎实的基本功底和现代审美理念，王祖光在观音、罗汉、八仙等传统人物题材的创作上别具一格。其雕刻的弥勒笑得开心自然，乐而忘忧，颇有童稚天真无邪之态；罗汉则卧得随意潇洒，威而不露，亲切地与被降伏者紧密相处；观音坐得端庄、静穆，肃而无愠，仿佛是善良母性的神圣化身；仕女亦站得端庄优雅，美而不艳，以国画写意笔法烘托内心情愫。

■ 观 音

■ 贵妃醉酒

在王祖光看来，寿山石雕石佳、艺精、缺一不可。因此，其选材极其考究，惯用单色冻石，或白如坚冰，或黄似蒸粟，以衬托人物的庄严与纯洁。他尤其偏爱用通灵透澈、洁白无瑕的荔枝冻石表现佛雕的美。

寿山石单色冻石，玉质温润，通体朗澈，莹洁无类，极为珍贵。经由王祖光的神来之刀，观音、仕女等作品更显典雅端庄。作品《贵妃醉酒》原石为单色高山石，作者以流畅的刀法衬托出贵妃醉酒时娇羞而又高贵端庄的姿态，将贵妃与侍女的关系处理得恰到好处，展示出圆润饱满、精巧剔透、石美工精的寿山石艺术。

《人民日报》海外版原文艺部主任李绪萱据此评价王祖光的作品："刀法古朴，刻痕灵动，线面对比柔和，动静互映适度，故得'人为之妙，有似天成'的雅趣。"

观音雕像 时代感的呈现

王祖光从事创作 50 余年，下工夫最深是观音题材。为了把握传统的观音形象，王祖光精心研究各个朝代瓷器、木雕、铜塑、绘画、石窟等载体上的观音造型，梳理中国人在观音造像上寄托的思想变迁，寻找观音形象演化的艺术规律，给自己的观音创作定位。

为了在现代艺术语境中重塑出独特的观音雕像，王祖光细心观察不同职业女性的言谈举止，神态，从她们身上找到理想的体态、丰满的神韵和浓烈的母爱，他把这些体验注入自己创作的观音形象中，使作品具有鲜明的时代感。

关于作品的时代感，王祖光认为："艺术从生活中得出，单纯的模仿无法发挥艺术的光彩。而艺术接受是从现代开始，从现在开始。所以我的作品表达的是对当下的观音的认识，具有鲜明的时代痕迹。换句话说，没有时代感的作品就没有个人风格，没有个人风格的作品就没有审美价值。一件优秀的艺术品不仅要有思想性，而且具有时代感。"

在表现时代感这一问题上，王祖光堪称传统女性形象现代化的表率，他率先将现代女性审美移植到寿山石雕刻中，赋予传统女性形象现代感。其在观音这一传统题材上取得突破，所创作的观音形象拥有当代 30 多岁的中国女性之美。

为何选择让观音以这个年龄段的女性面目示人，王祖光解释道："女孩子20 岁左右还在求学阶段，各方面都不成熟。而 30 多岁的女性是成熟的女性，是完美的女性，不仅外表美，而且洋溢着一种母性的内在美，而在观音这一传统形象身上，就有这样一种母性美。"为表现出观音的成熟女性美，王祖光致力于天然美与人工美的统一，人物形象与气质的融合，将石之通灵与技之精湛紧密结合起来。

在这一理念的指引下，王祖光刀下的观音脸部略成长形，双颐丰腴，五官略缩，鼻梁隆起，双目微闭下视，既面目清秀又带慈悲。形态上，以静为主，静中寓动。体态不婀娜，动作也不过多，而着意表现一些小小的动感，细微之处独运匠心，或借手指的弯曲，或借衣带的飘动，以四两拨千斤的手法，使观音造像在禅思中流动着一股灵气，这样的观音，具备了神的味道，又拥有现代女性的生活美。

王祖光善于在细微之处独运匠心，以佛珠、经书、净瓶等为道具，表现人物的细部特征。其观音形象不拘一格，富有变化，给人以洗尽铅华、除灭喧嚣的艺术审美效果，以纯洁、宁静之美获得艺术魅力。

从王祖光的艺术生涯中，不难窥见寿山石文化艺术薪火相传、代代不息的衍进轨迹，感知寿山石雕艺术大师对艺术真谛苦苦追求、不倦探索的心路历程。他为寿山石雕开辟一种新的题材，为寿山石雕的现代化探索一条可持续发展之道，是业界备受推崇的艺术大师。

■ 沉思观音

■ 仿诵经观音

艺术传承

王　　健－王祖光之侄。1975 年生，1995 年毕业于福州大学厦门工艺美术学院，擅长人物圆雕。

陈　　波－王祖光徒弟。1970 年生，1995 年毕业于福州大学厦门工艺美术学院。擅长薄意、浮雕。福建省工艺美术大师，福建十大杰出青年雕刻艺术家。

郑幼林－王祖光徒弟。1969 年生，擅长儿童趣味题材。福建省工艺美术大师，福建省工艺美术名人。

杨　　明－王祖光徒弟。1975 年生，1993 年毕业于福州市工艺美术学校。高级工艺美术师，福建省工艺美术名人，中国工艺美术学会会员，福建省民间艺术家。

刘传斌－王祖光徒弟。1969 年生，擅长薄意。福建省工艺美术大师，国际民间工艺美术家。

王孝前－王祖光徒弟。1976 年生，擅长人物圆雕。福建省工艺美术学会会员。

程由军－王祖光徒弟。1976 年生，擅长传统人物、浮雕等。福州市寿山石雕刻艺术"十大新秀"。

叶子贤

1950 年生于福建省福州市。高级工艺美术师，中国工艺美术大师，福建省民间艺术家，福州市工艺美术特级名艺人，中国工艺美术学会石雕艺术专业委员会副会长，中国民间艺术家协会会员，福州市寿山石鉴定中心专家人才库鉴定专家。

艺术生涯

1992 年，作品《弥勒》《八仙过海》分别获福州市工艺美术"如意奖"一等奖。

1995 年，《心齐水自多》获福州市工艺美术"如意奖"一等奖。

1997 年，《虎溪三啸》获福州市工艺美术"如意奖"一等奖。

2000 年，《虎溪三啸》获中国国家级工艺美术大师精品展金奖。

2001 年，《三贤》获中国工艺美术精品博览会金奖。《渔翁得利》获中国工艺美术精品博览会银奖。《布袋弥勒佛》获中国工艺美术精品博览会银奖。

2002 年，《羲之爱鹅》获中国工艺美术"华艺杯"银奖。

2003 年，《十八罗汉图》获中国工艺美术大师精品博览会金奖。

艺术概况

　　寿山石雕发轫于传统艺术，叶子贤大师以画理与雕艺的完美结合，大放异彩于中国寿山石雕界，成为中青代寿山石雕艺术家中的杰出代表。他精通传统题材，历史典故、宗教人物、吉祥图案，皆得心应手。最可贵的是，他在传统寿山石雕基础上不断寻求艺术构思的突破，集典雅精妙之大成。

构思独特　典雅精妙

　　叶子贤早年学习木雕、牙雕，1980年转入寿山石雕，擅长人物圆雕、高浮雕，善以多变的技法来表现高浮雕作品，作品矫健富丽、玲珑剔透，风格典雅精妙。《人民日报》海外版原文艺部主任李绪萱介绍，叶子贤的石雕作品有四个艺术特色：巧妙利用变化无序的石材纹理，充分展示斑斓颜色的交相辉映，出人意料地保留原石的自然形态，力求作品的内容与石材主色调的和谐，使得精妙构思和石质之美相得益彰。

■ 渔 夫

巧取石材纹理，是相石关键的一步。叶子贤尤重"打腹稿"，朝思暮想，反复琢磨，直至成竹在胸，按照画理构图运刀。寿山石千姿百态，纹理千变万化，巧妙利用原石的纹理，常常决定该件作品的成败。

在花坑石雕《渔夫》中，叶子贤在石材横纹上雕刻一个打渔归来的渔夫，趴在礁石上悠闲地抽烟，尽情享受大自然的恩泽。这一构想的成功在于：恰好将冻线纹理置于石之上下两层，刻成之后，上面的冻线化为渔夫斗笠上的圆形花纹，下面的冻线成为浸蚀礁石的水波浪花。缺少冻线的中间粗石，则独具匠心地刻成闲适自得的渔翁。因无冻线分割，反而衬托出完整厚重，与上下冻线相比，不但美感增加，更加深了意境。

巧取俏色，是展现寿山石雕艺术家基本功与审美能力的重要条件。保留原石的自然形态，是达到天人合一的关键。作品《渔夫》中，渔夫打渔归来，就地而憩。原石的下部如一块水蚀浪击、棱角全无的河石，是渔夫休憩的最佳坐具。作者不留一刀，只稍许磨光，露出原材湿润浑圆的质感。天然石材与精雕细刻的渔夫浑然一体，体现出高超的技艺。

叶子贤的雕刻力求作品的内容与石材主色调和谐统一，强暖色调石块用以雕刻欢乐人物的笑脸，冷色调石块用以表现人物凝重的表情，色调与内容的协调，既烘托了人物的思想感情，又强化了作品的整体意境。

学艺生涯 画理与雕艺的结合

从木雕转艺石雕时，没有师傅指导，叶子贤依靠自己摸索。一个偶然的机会，叶子贤的堂叔看到他的石雕作品，认定他有天分，就带他到郭懋介大师家里作客，当时的郭懋介已退休，但声名在外。叶子贤看到郭懋介刚刚修光完毕的《踏雪寻梅》和《双鹤》，灵感一现，隐约看到《三希堂画谱》里人物的影子。

回家之后，叶子贤翻开《三希堂画谱》，模仿书中的人物形象，复制出郭懋介的《踏雪寻梅》。堂叔看到以后大为吃惊，将作品拿给郭懋介看，郭懋介也惊讶于他的悟性和眼光，当面夸奖叶子贤："这个作品做得很好啊。"有了大师的认可，叶子贤勉励自己，不断学习，石雕技艺从此得到极大的提高。此后，《虎溪三啸》摘得"如意奖"桂冠，赢得"中国国家级工艺美术大师精品展"金牌，叶子贤感到十分欣慰，经过多年努力，自己的成就终于得到业界认可。

《虎溪三啸》原石本身就是银裹金旗降石中的罕有珍品，其上蕴含的红色属于不多见的"李红"，俗称"李红旗降石"。巧妙构思的结果是，刻在红色块上的宋代大学士苏东坡、大诗人黄庭坚和佛印和尚三个人中，独独只有苏东坡手摇的羽毛扇是白色的，连扇坠也是雪白色的。这种艺术处理方式烘托出人物出淤泥而不染的崇高气节，取得了审美意义上的鲜明反差，造成强烈的视觉冲击效果。

《虎溪三啸》娴熟运用传统国画散点透视原理，画面讲究大小相随，疏密相间，奇正相参，起伏相让，营造出深远的意境。《刮骨疗伤》《十八罗汉图》皆为画理与雕艺完美结合的佳作。叶子贤亦强调，要提高创作水平，只有从雕外学雕，吸取中国绘画的艺术养分，将画理融于创作之中，才能丰富与发展寿山石的创作艺术。

叶子贤以刀代笔，以画入石，自觉吸收、移植传统绘画原理于寿山石雕，在人物形象设计和人景位置经营上不落俗套，常给人以新的审美视野。其作品雕工精细，画风巧致，集浑融大成之运，得画理石艺双璧精华，为一代寿山石苑名家。

■ 虎溪三啸

■ 离骚曲

寿山石雕　中国工艺美术大师　叶子贤

艺术传承

阮晓燕－叶子贤徒弟。1979年生，擅长高浮雕、薄意、圆雕。工艺美术师，
　　　福州市寿山石行业协会会员。

周　鸿－叶子贤徒弟。1984年生，2003年毕业于景德镇陶瓷职工大学，擅长
　　　印纽、人物圆雕。工艺美术师，福建省民协寿山石专业委员会委员，
　　　福建省寿山石文化艺术研究会会员，福州市寿山石行业协会理事。

林国平－叶子贤徒弟。1974年生，擅长圆雕、浮雕。工艺美术师，福建省寿
　　　山石文化艺术研究会理事，福州市寿山石行业协会会员。

第五届中国工艺美术大师

林　飞

　　1954 年生于福建省福州市。高级工艺美术师，中国工艺美术大师，中国玉石雕刻大师，福建省民协寿山石专业委员会主任，福州市寿山石行业协会副会长，中国技能大奖获得者，享受国务院颁发的政府特殊津贴。

艺术生涯

1989 年，作品《独钓寒江雪》获福州市工艺美术"如意奖"特等奖。

1990 年，《独钓寒江雪》获福州市工艺美术"百花奖"一等奖。《盘古开天地》获福建省工艺美术"争艳杯"金奖。

1996 年，《贵妃出浴》获福州市工艺美术"如意杯"特等奖。

1999 年，与父亲林亨云、弟弟林东共同创作《春满大地》，作为礼品由福建省人民政府赠送给澳门特区政府。

2002 年，《女娲造人》获福建省工艺美术精品"争艳杯"金奖。

2003 年，《贵妃出浴》获福建省寿山石参评中国国石"国石杯"金奖。《万象更新》获中国宝玉石协会"天工杯"金奖。《四大美女》获中国工艺美术大师作品暨国际艺术精品博览会金奖。

2007 年，《贵妃醉酒》获中国工艺美术大师作品暨国际艺术精品博览会金奖。

艺术概况

在当代中国玉石界，林飞大师是推动寿山石雕现代化的领军人物。其众多扛鼎之作不仅为寿山石艺术开创新的表现手法，而且引领"仕女系列"寿山石雕市场潮流。他以强烈的现代感开拓寿山石雕的新古典主义之路，促进东方玉石雕塑与西方雕塑艺术的对话交流。

古典与创新 传统人物的现代感

在传统艺术现代化的问题上，古典基础上的创新是现当代艺术家的努力方向，这种诉求同样出现在寿山石雕界。当代寿山石雕艺术家一方面保留旧题材，融入新技法，给予传统艺术形象现代感，另一方面引入新题材，开拓新风格，以古典题材为媒介展示现代艺术形象，林飞即是其中一位成功的实践者。

林飞自幼受教于父亲——中国工艺美术大师林亨云，后就读于福建省工艺美术学校，毕业后留校任教。家学渊源与院校教育奠定他深厚的东西方文化素养、精湛的传统与现代雕刻工艺，促使他成为中国寿山石雕界的艺术大师。

■ 观音

　　在传统人物的表现上，林飞关注并借鉴古典文学作品及历史典故，强调雕塑感，重视构图完整和线条流畅，利用色块的对比，追求典雅、含蓄的意境美。其代表作《独钓寒江雪》《盘古开天地》《观音》里有和谐完美的人体比例、明朗的轮廓及柔和健美的肌肤，线条结构恰到好处，既有传统的韵味留白，又具有强烈的现代感。

　　在传统女性形象的塑造上，林飞极力赋予人物现代美，发挥雕塑语言的长处，展示空间感。既保留了传统的含蓄蕴藉，又展示出现代的青春奔放，具有很强的艺术感染力。此类作品多见于蚌仙、女娲、杨贵妃等题材，以半裸或全裸女性形象出现，在业界有"裸女"或"仕女"之称。林飞的作品注重表现艺术细节的美，展示女性形象的丰富性与单纯性，调动观众的审美感受，在简洁、单纯中表现出丰富的意味。由于传统寿山石雕还具有把玩功能，流畅优美的女性形体展示出富于弹性活力的美，在隔与不隔之间更容易调动观众的触觉感受，丰富了观众对寿山石雕的审美体验。

■ 美女与蛇

　　林飞的女性形体有坐、卧、躺、站等姿势，双腿多为半屈膝或交错状。这种姿势一方面与寿山石的石质色彩相得益彰，巧取俏色，通过对比、突出主色等手法，以色块和线条的双重配合突出寿山石雕的艺术性。另一方面，运用写意的手法，避开西方直接写实的表达方式，营造"犹抱琵琶半遮面"的含蓄美，引起观众对女性形体的审美兴趣，保持美感刺激的持续性。

　　在林飞看来，寿山石天生丽质，适于表现女性形象，而仕女题材比罗汉、弥勒更需要扎实的基本功。正是数十年的学习和积累，林飞的"仕女系列"如《女娲补天》《贵妃出浴》《海的女儿》等作品寓具象、意象、抽象为一体，格调清雅，富于韵律感和梦幻美，成为寿山石雕艺术的新兴方向。

收藏亮点　当代社会审美取向

　　在高手如云的国内外拍卖市场上，林飞的作品以强烈的现代感博得众人青睐，以独特的题材和表现手法屡得佳绩，成为中国嘉德、西泠拍卖、东南拍卖三大顶级寿山石拍卖机构和收藏市场的宠儿。

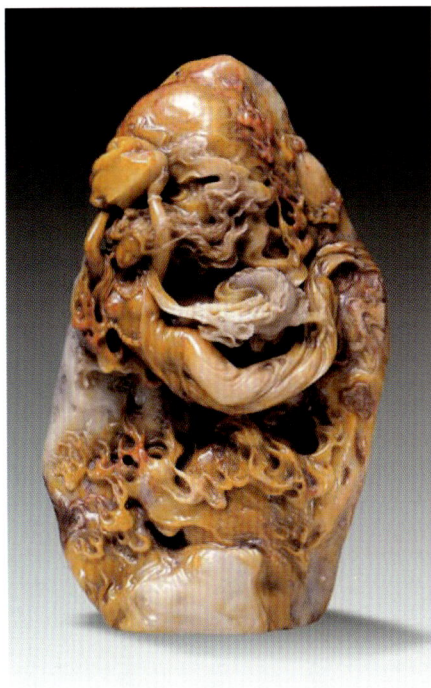

■ 补天

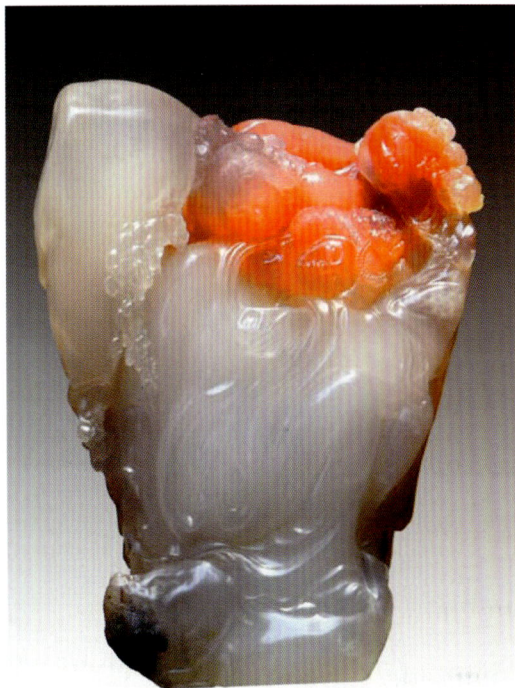

■ 贵妃醉酒

　　"仕女系列"作品塑造出娴静妩媚的女性形象，以无声的形态美传递雕塑的音乐性、节奏美和韵律美，符合现代人对动势的美的迷恋，在传统女性形象上添加富于弹性活力的现代美，展示新时期的社会审美取向。为呈现完美的艺术形象，林飞多选择质地通灵、色纯的石材，如芙蓉石、荔枝冻石、都成坑石、善伯石等，巧妙结合灵石美与人体美，表现出新颖的意象和深刻的意蕴。

　　2006年，《贵妃醉酒》于杭州世界休闲博览会上惊艳全场，有藏家当即开价180万元购买，增幅为2005年原石价格的九倍之多，彰显出玉石雕刻转型期艺术价值不断走高的趋势。2014年福建东南春拍，林飞的269克田黄作品《双子弥勒》以977.5万拔得头筹。

　　林飞的作品集中体现出新一代玉石雕艺术家强烈的艺术自觉与审美追求，他以强烈的现代感与当下社会的审美印记名震艺坛，活跃了寿山石雕市场，引领了中国传统玉石雕刻现代潮流，是中国当代寿山石雕新生力量的典型代表。

艺术传承

郑　继－林飞徒弟。1972年生，1992年毕业于福州工艺美术技术学校雕刻专业，擅长石色相融、灵欲交织的女性题材。中国玉石雕刻大师，福建省工艺美术名人。

潘泗生

1954 年生于福建省福州市。高级工艺美术师，中国工艺美术大师，中国工艺美术学会会员，福州省工艺美术学会副会长，福州市特级工艺美术名艺人。

艺术生涯

2002 年，作品《雅集图》获中国国家级工艺美术大师精品博览会暨中国工艺美术优秀作品评选金奖。

2002 年，《四季山水》获中国工艺美术"华艺杯"银奖。

2002 年，《游钟山》获福建寿山石文化艺术作品展一等奖。

2003 年，《枫林牧鹅图》获中国国家级工艺美术大师精品博览会金奖。

2005 年，《秋林雅集图》获中国工艺美术大师作品暨工艺美术精品博览会"百花杯"金奖。

艺术概况

中国传统艺术以意境为上，造境者往往集天工人巧之大成。业界认为，潘泗生大师书画兼能，用笔细致，入画理于石色，入画境于石韵，是薄意雕刻大师中的杰出代表。其薄意山水极尽玉石风雅，高浮雕人物尽显绝代芳华，得清逸雅致之趣，别开寿山石雕丹青之境。

薄意印章 韵外之致

"薄意"艺术，从明末清初石章的博古纹饰和锦边浮雕中衍化而来，是闽地寿山石印章的独特表现技法，比浅浮雕还要"浅"，因雕刻层薄而富有画意，故称"薄意"。著名书画金石家潘主兰认为："薄意者技在薄，而艺在意，言其薄，而非愈薄愈佳，固未能如纸之薄也；言其意，自以刀笔写意为尚，简而洗脱且饶韵味为最佳，耐人寻味以有此境界者。"

在潘泗生看来，薄意艺术使用特殊的雕刻技法，能得到不俗的表现效果，为珍稀石材或印章首选。同时，原石表面难免会有微痕或不纯的色块、斑纹，即便是田石、水坑冻之类名贵石品也难求纯洁无暇，这些瑕疵若出现在印体，无法通过钮雕加以遮掩。倘若不施以艺术处理，势必影响石章的品级，过分雕琢又易损坏宝石的天然纹理。出于艺术创作的需要和作品高品质的需要，潘

■ 葫芦

泗生偏爱选择雕饰薄意于石面这种最理想的创作方法。

潘泗生的薄意作品以印章为典范，讲究整齐与节奏，对称与均衡，比例与和谐，分层与有序，完整与生动的统一，展示出极强的艺术创作力。怀着对寿山石文化与金石精神的敬仰，潘泗生的印章雕刻不仅保留了金石上的时间痕迹与独特韵味，展示出苍古之美，而且将薄意艺术所展示的意境美与金石味融为一体，呈现出清雅之美。其印体主要表现花竹、禽鱼、草虫、蔬果等自然意象，象生意端，形造笔下，颇臻精妙。

现藏于厦门市海峡文化艺术品保护基金会的《年年有余》为潘泗生的得意之作。原石为一块通灵凝腻的荔枝冻石，经过精心设计，潘泗生将石皮表面的杂质（俗称"针眼"）巧妙构思成鱼的眼睛、水草的枝叶，游鱼尽显动静游息之态，平添水墨清雅之趣。

潘泗生的薄意作品将物境、情境、意境巧妙结合起来，融书法、篆刻、绘画于一体，呈现出"重典雅、工精微、近画理"的艺术风貌。正如中国近代山水画画家黄宾虹所言："一印虽微，可与寻丈摩崖千重器同其精妙。"

高浮雕精品 国画在寿山石雕上的延伸

高浮雕技法普遍见于东西方雕塑艺术中，指所雕刻的图案花纹高凸出底面的刻法，是一种下刀较深的平面阴刻。潘泗生的高浮雕作品主要表现人物、山水、花鸟等题材，将国画的构图方式融入寿山石雕中，注重空白手法、散点透视和文字题跋，追求作品的味外之旨，在业界享有盛名。

潘泗生认为，国画与寿山石雕有异曲同工之妙，国画中的空白手法同样适用于高浮雕创作。高浮雕是利用原石的外层（俗称"石皮"）与里层（俗称"石肉"）强烈的色彩对比、色块分布和线条走势等特点进行艺术加工。"相石"后用小狼毫毛

■ 螳螂葫芦

笔打草稿，构图应有章法，更讲究"空白"，根据情境需要在石料扁平、色彩单一的部位留出"空白"以衬托主题，留出想象的空间。

在塑造空间感方面，潘泗生多用散点透视法构图，营造景中有景、画中有画的意境。他说："要提高作品的质量，必须用散点透视分段分区设景，才能最大限度地保留原石料的特性，也只有用散点透视的手段才能尽量完美地表现高浮雕的艺术内涵。"

此外，其作品多添加文字题跋以达平衡构图、点醒衬托和呼应装饰的作用。潘泗生认为文字题跋是构图的延续，有平衡画面的作用。因此构图时要根据石料质地和画面内容考虑文字的位置、大小、字样、字体、凹刻或是浮雕。遇到含意深刻的作品时，文字题跋能起到点题与说明的作用，加深观赏者对画面内容的理解。同时，文字具有特殊的装饰效果，将文字落款融进整个画面中，浑然一体，郁然生辉，有"书画合璧"之效。

国画强调"外师造化，中得心源"，要求"意存笔先，画尽意在"。在潘泗生的眼中，只有多看、多读、多画，经常观察大自然，不断累积书画、文学功底，才能运筹帷幄，达到寿山石雕与

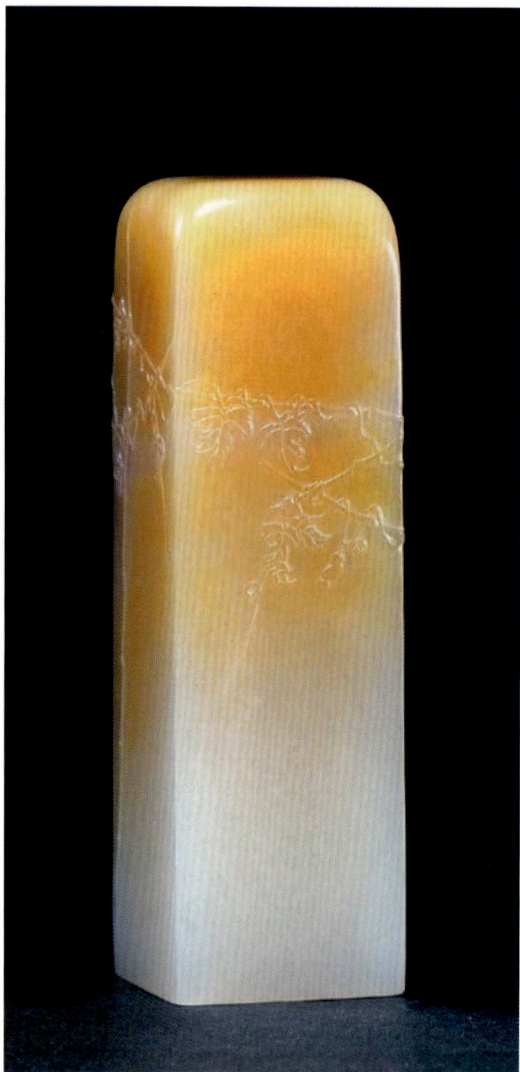

■ 金 秋

国画相辅相成的艺术效果。业界评价，潘泗生的作品结合寿山石之润与中国画之韵，妙趣横生，以境取胜。

画境与石韵的结合是寿山石雕艺术大师常见的表现手法。薄意、高浮雕这种介于绘画与雕刻之间的独特艺术，在潘泗生的手中屡出佳作，具有超凡脱俗的艺术魅力。他集薄意雕之大成，融画理于高浮雕，开拓书、画、石三者合璧的艺术境界，融"自然美"与"艺术美"和谐统一，是当代八闽工艺界的中流砥柱。

艺术传承

潘　岩－潘泗生之子。1978 年生，1997 年进修于福州大学厦门工艺美术学院，擅长人物圆雕。中级工艺美术师，福建省工艺美术大师，福建省高级技师。

第六届中国工艺美术大师

陈文斌

　　1955 年生于福建省建瓯市。高级工艺美术师，中国工艺美术大师，中国寿山石雕刻大师，优秀工艺美术专业技术人员，福建省技术能手，中国工艺美术学会石雕专业委员会常务委员，福建省工艺美术学会理事。

艺术生涯

1986 年，作品《三个和尚》获中国工艺美术品"百花奖"优秀创作设计一等奖，
　　　　1987 年被中国工艺美术珍品馆收藏。

1989 年，《仙台》选送全国工艺美术展览，1990 年被中国工艺美术珍品馆收藏。

1990 年，《老子出关》获首届福建省工艺美术精品"争艳杯"金奖，1991 年
　　　　被福建省工艺美术珍品馆收藏。

2003 年，《持扇女》《红楼情》《铁杵成针》被中国寿山石馆收藏。

2007 年，《李逵探母》获中国工艺美术大师精品博览会"百花杯"金奖。《巫
　　　　山神女》获中国工艺美术大师精品博览会金奖。

2008 年，《三结义》获中国工艺美术大师精品博览会"百花杯"金奖。《姐妹》
　　　　获中国工艺美术大师精品博览会金奖。

2009 年，《望穿秋水》获中国玉石雕精品博览"百花玉缘杯"金奖。

2010 年，《渔乐》获中国工艺美术大师精品博览会金奖。

2011 年，《临江仙》获中国工艺美术"百花奖"金奖。

　　于香港人民出版社出版《点石成金——陈文斌雕刻艺术作品集》（2005 年）。

于《经济日报》出版社出版《石缘天成——陈文斌雕刻艺术》（2011 年）。

艺术概况

在新一代中国工艺美术大师中，陈文斌大师是中国寿山石雕界的新生力量。其作品结合现代美学与传统精神，擅长主题性人物圆雕，赋予传统题材以现代感，构图新颖别致，线条飘逸流畅，善于利用石材的俏色，追求作品雕塑感和构图形式美，自成一派风格，令同行和海内外收藏界赞叹，被誉为寿山石雕学院派的杰出代表。

石缘天成　永恒之爱

陈文斌天生热爱工艺美术雕塑事业，"上世纪 70 年代初，高中毕业上山下乡，幸运地成为最后一届工农兵学员，毕业于福建省工艺美术学校雕塑科，后有幸分配到福建省工艺美术行业唯一的国营企业——福建省工艺美术实验厂，这一干，就是 34 个春秋"。

陈文斌的早期作品涉猎广泛，随着《三个和尚》一举成名，将创作重心转向主题性人物雕塑，探寻人性的真善美，表达永恒之爱的主题。无论中国历史神话、文学典故还是西方神话故事，皆围绕人类亲情、友情、爱情三大主题展开，给人以美的享受和启迪。

■ 憩

■ 李逵探母

在亲情与友情题材的展示上，陈文斌多以写实手法表现深情厚谊，如《宝贝》《李逵探母》《圣母子》等，以和谐融洽的母子关系展示血浓于水的亲情。《三结义》《憩》《阳光下》等作品以强烈的雕塑感、构图的形式美表现兄弟、姐妹情谊。作品造型稳重，线条流畅，神态细致，衣褶舒畅，呈现出深情和朴素之美。

在爱情题材的表现上，陈文斌着重表现爱情的美好与永恒。此类主题多围绕爱与美展开，无论《红楼情》《长亭别》《亚当夏娃》里的双人形象，还是湘云、嫦娥、婴宁、美人鱼、维纳斯这样单独的女性形象，均有一种宁静沉思之美，体态优美舒展，气质内敛沉静，是人间真善美的化身。

在永恒之爱主题的表达上，陈文斌将气韵生动的艺术语言与深情真挚的爱沟通汇合起来，探寻作品更为自由、更为开阔的意韵美。在呈现当代玉石雕刻中传统女性的现代感上，陈文斌以西方雕塑为切入点，不仅创作出具有现代感的传统女性形象，而且成功地在传统雕塑语境中塑造出西方女性形象。他结合寿山石"相石""取巧"理论与西方雕塑感，注重构图形式美，比例协调、体积饱满、节奏流畅，寓东方意韵于现代雕塑感中。

点石成金 雅俗共赏

寿山石雕刻艺术历史悠久，被海内外收藏家视为传世珍宝。在众多寿山石种类中，陈文斌对旗降石情有独钟："旗降石质地细腻、脂润、结实，虽不透明，

亚当夏娃

但富有光泽，韧性极强；色泽丰富，还有两色或多色相间，色界分明。利用石材天然巧色雕刻，可达到独特的艺术效果。作品经过打磨上蜡，光彩照人，石质经久不变，是极佳的雕刻人物石材。"

陈文斌在创作中注重表现强烈的雕塑感与构图形式美，构图从大处着眼，看大气势剪影效果；小处着手，近看有内容，精雕细刻，生动活泼，寓意深刻。运用一切艺术表现手法，如点、线、面的穿插对比，色块上的大小对比，人物肤色与饰物之间质感对比，粗细对比，虚实对比……追求作品"虚实之间，藏而不露"的意韵美，使作品富于节奏感和韵味。底座的配制也要与作品有机结合，达到弥补和衬托主题的作用，使作品尽善尽美。

对于自己的艺术生涯，陈文斌说："我热爱每一块寿山石料，相石、取巧，依石造型、立意、点题，是寿山石艺有别于其他艺术创作的最显著特点。'石不能言最可人'，创作时为了充分利用每一块原石的形、色、质的天然美，尽自己最大的可能和智慧赋石头以艺术生命。'点石成金'，化平凡为神奇，是我毕生追求的事业；'雅俗共赏'是自己永远奋斗的目标。"

■ 阳光下

在陈文斌看来，爱是生命中最重要的动力。2002年，他患上重症肌无力症，又逢母亲去世，诸多苦难激发巨大的生命能量，艺术创作表现出更为深广的爱。此后一系列作品借雕塑之形传达人间之情，用毕生之爱灌注雕塑之魂，雅俗共赏，极富感染力。

面对人生的困境，陈文斌以不懈的韧性、乐观的心态和丰富的心灵能量投身于艺术的殿堂，探索出西方题材寿山石雕艺术化的成功之路，用现代雕塑技法为寿山石雕现代化开辟新的征程，展现出新一代中国工艺美术大师卓越的艺术创造力。

艺术传承

徐建爱 - 陈文斌徒弟。1957年出生，擅长人物圆雕。高级工艺美术师，福建省工艺美术名人。

谢锦榕 - 陈文斌徒弟。1958年出生，擅长人物圆雕。工艺美术师。

陈明华 - 陈文斌徒弟。1966年出生，擅长陶瓷造型设计。高级工艺美术师，福建省工艺美术大师。现任德化县明华陶瓷艺术研究所所长。

潘剑平 - 陈文斌徒弟。1956年出生，擅长寿山石雕微型壶。工艺美术师。

黄治钟 - 陈文斌徒弟。1954年出生，擅长人物圆雕。工艺美术师。

邱丹桦 - 陈文斌徒弟。1971年出生，擅长人物圆雕、高浮雕。高级工艺美术师，福建省工艺美术大师。

吴援朝 - 陈文斌徒弟。1951年出生，擅长人物圆雕、高浮雕。中华传统工艺大师。

第六届中国工艺美术大师

陈益晶

　　1957 年生于福建省福州市。高级工艺美术师，中国工艺美术大师，中华传统工艺特级大师，福建省非物质文化遗产"寿山石雕"代表性传承人。

艺术生涯

1993 年，作品《东山弈棋》获福州市工艺美术"如意奖"一等奖。

1998 年，《银河会》获福建省寿山石文化艺术作品展一等奖。

1999 年，《弥勒佛》《佛趣》《济公》获福州市首届寿山石文化博览会珍品奖。

2002 年，《银河会》获中国工艺美术"华艺杯"银奖。《三乾坤》获中国工艺美术大师精品博览会金奖。

2003 年，《普天同庆》获中国工艺美术大师精品博览会金奖。

2004 年，《双佛论经》获中国工艺美术大师精品博览会"百花杯"银奖。《三仙逍遥乐》获中国工艺美术博览会"中艺杯"金奖。

2006 年，《兰亭诗会》获中国手工艺精品博览会"华茂杯"金奖。

2007 年，《梦入仙境》获中国手工艺精品博览会"百花杯"金奖。《天机不可泄露》获中国工艺美术大师精品博览会"百花杯"金奖。

2008 年，《三罗汉》在 CCTV《寻宝·走进福州》中当选为"福州民间国宝"。

2009 年，《满堂欢喜》获"中国名石雕刻艺术展"金奖。

2010 年，《天机不可泄露》被福州市人民政府授予"首届福州市茉莉花文艺奖"二等奖。

2011 年，《怀素书蕉》获中国工艺美术"百花奖"金奖。

艺术概况

在新一代才华横溢的寿山石雕艺术家中，陈益晶大师洞相石之奥区，极圆雕之骨髓，是中国工艺美术大师中包雕技法的唯一传承者，素有业界万钧洪钟之称。著名金石书画家潘主兰誉之为"因材施艺，巧用自然"。

包雕技法的优秀传承者

寿山石艺术流派的形成，是寿山石雕艺术成熟的标志。从南朝时期线条粗陋的"石猪"，到清朝康熙年间东门、西门两派的形成，直到 21 世纪后半叶"学院派"崛起，寿山石雕艺术在历史长河中走过了 1500 多年。在寿山石雕"东门派"技法的传承脉络中，陈益晶是一位技艺超群的艺术大师。

陈益晶循雕艺传统而师承古法，自幼聪慧勤奋，在舅父、东门派优秀传人林炳生的悉心教导下，打下坚实的雕刻艺术基础。林炳生擅长圆雕人物、花卉，是陈益晶的启蒙老师。随后，陈益晶又得到岳父、中国工艺美术大师林发述的精心指点，雕刻技艺进一步成熟和提高。

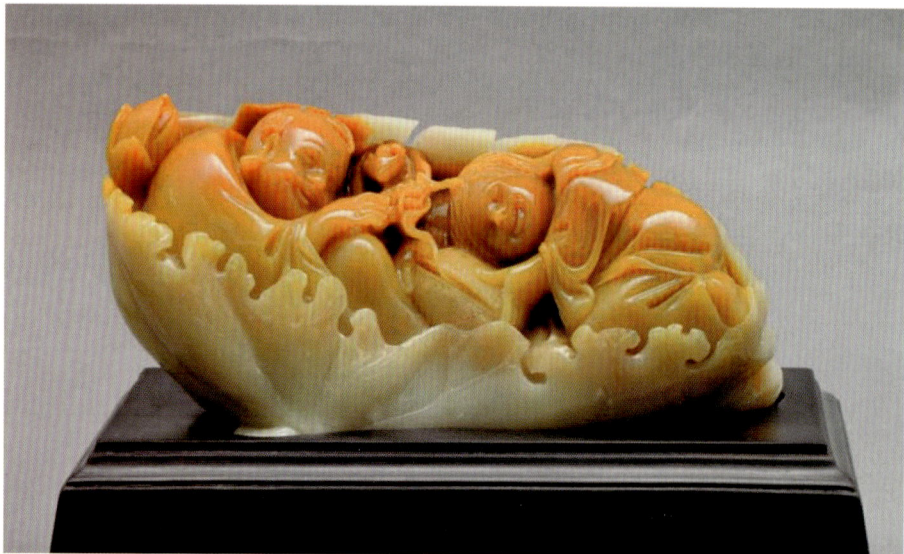

■ 和合二仙

现藏于厦门市海峡文化艺术品保护基金会

林炳生重写实，林发述则重写意，虽方向有所不同，但师承一脉。在良好师承基础上，陈益晶亦为国画、书法高手，将写意绘画的手法运用到雕刻创作中，使作品具有诗情画意。他还继承了"圆雕流派"的精髓，其作品运刀敏捷，造型准确，形神兼备，精妙绝伦。尤值一提的是，陈益晶擅长巧用尖刀修光，因下刀深且快，被称作"快刀手"。

在寿山石雕的工艺传承上，陈益晶继承了林发述的包雕技法，用独特的造型方式表现石皮，用细腻的刀法刻画内部结构，形成外在简练、内在细致的作品风格。其包雕作品构思巧妙、韵味横生，刀笔线条生动丰富，令人沉醉。

《和合二仙》是陈益晶包雕技法的代表性作品。和合二仙，传为唐贞观年间台州奇僧寒山、拾得二人。"和""合"字音，寓同心和睦之意，二仙后发展为主婚姻之神，象征福气、财气、幸福与欢乐。该作中的和合二仙，顽皮地藏在一片荷叶内，神色活泼。取荷叶之"和"意，更添福气与幸福之意。

该作原石为善伯洞石，质地晶莹脂润，蜡性较强，富有光泽。"和合二仙"神态生动，焦点集中，主体突出，内外色彩对比鲜明。石皮雕饰成荷叶，纹理清晰，圆润饱满，刀工整饬，呼为奇珍，名副其实。该作是陈益晶包雕技法的典范之作，浑圆纯朴，刀法简练，注重传神，讲求手感，能以方寸之石透出意境万千，得到众多收藏家的追捧。

精巧玲珑 矫健华丽

陈益晶从事寿山石雕 40 余年，既得名家真传，又博采众长，不拘一格，不断超越，臻于完美。在肩负寿山石传承与发展的重任下，陈益晶紧紧把握"因材施艺，巧用自然"两大原则，形成精巧玲珑、矫健华丽的艺术风貌。

其作品题材广泛，无论历史典故、人物仙佛，还是秀美山川、花草树木，皆为专长。同时，作品寓意深远，又能恰到好处地利用石材的颜色，苦心经营，合理施艺，融诗情画意于一体，达到形神兼备、韵味无穷的境界。

他认为，在强调继承传统的同时，更应注重创新与发展。在寿山石雕的艺术创作中，首先应注重观念更新，使作品符合时代的要求，赋予旧题材新涵义，使观众乐于接受。其次要注意内容的更新，表达作者的感情。最后要利用新工具为作品增添新的表现手法，丰富作品的观赏性与艺术性。

在追求作品精美的同时，陈益晶还注重每件作品的内涵。他十分喜爱和熟谙历史传统题材，经他精雕细刻的人物，栩栩如生，呼之欲出。其刀下的石雕人物神态各异，或严峻或安祥或喜乐，赋予寿山石以生命力，融传统意境与现代审美追求于一体。

在参加全国及境外的展出和评比中，陈益晶创作的许多精品都受到业内人士的高度评价，屡屡获奖。其作品照片多次被邮电部门选制成邮票、明信片及电话卡，并入选首届中国（福州）寿山石文化节邮册，是活跃在市场一线的寿山石雕艺术大师。

为迎接 2008 年北京奥运会，陈益晶与林荣发合作大型寿山石雕《普天同庆》，描绘太平盛世、天上人间的繁华景象。作品长 1.07 米、宽 0.16 米、高 0.6 米，工艺精湛，气势宏伟，2010 年市场价值达 3800 万元，是国内屈指可数的寿山石雕高价精品。

早在上世纪 90 年代，陈益晶的作品已是新加坡商客的竞拍目标，数十年的修炼与沉淀，令陈益晶大放异彩于国内外寿山石雕艺苑。目前，《济公活佛》《如意人生》藏于中国工艺美术馆，《松鹤雅聚》藏于福建省工艺美术珍品馆，《双罗汉》藏于中国寿山石馆。

■ 天机不可泄露

在数十年如一日的坚守中，陈益晶在艺术探索上不断超越，致臻完美。他不为"俏色"所束缚，而是用自己的艺术语言驾驭"俏色"，使作品妙趣横生，引人入胜。在寿山石雕传承发展的历史进程中，陈益晶集东门派传统之大成，体现出新一代艺术大师炉火纯青的相石与巧色功夫，是中国寿山石雕事业的继往开来者。

艺术传承

陈 凯 – 陈益晶之子。1986 年生，2007 年毕业于福州大学厦门工艺美术学院。中级工艺美术师。

陈成曦 – 陈益晶徒弟。1986 年生，2007 年毕业于福州大学厦门工艺美术学院，擅长圆雕、浮雕。

林大榕 – 陈益晶徒弟。1971 年生，擅长圆雕、浮雕人物山水。高级工艺美术师，福建省工艺美术大师。

第六届中国工艺美术大师

黄丽娟

　　1958年生于福建省福州市。高级工艺美术师，中国工艺美术大师，福州市寿山石行业协会副会长，福建省寿山石文化艺术研究会副会长。

艺术生涯

2000年，作品《新装》获中国工艺美术大师作品暨工艺美术精品博览会金奖。

2001年，《淡淡装》获中国工艺美术大师作品暨工艺美术精品博览会金奖。

2002年，《嘎妞妞》获福建省工艺美术精品"争艳杯"金奖。

2008年，《温暖的小花袄》获中国工艺美术大师精品博览会金奖。

2009年，《无尘》获福建省工艺美术精品"争艳杯"金奖。

2011年，《格桑花》获中国工艺美术"百花奖"金奖。

艺术概况

在当代寿山石雕界，黄丽娟是一抹温婉的亮色，也是中国首位女性寿山石雕中国工艺美术大师。她不仅继承了传统技法的精髓，而且积极吸收当代美术理念。她利用寿山石中的"粗石"开拓具有民族特色装饰的女性、孩童题材，发展寿山石雕女性题材，促进了寿山石雕石料的解放，是一位具有创新意识的艺术大师。

独特的女性视角与题材

1972 年，黄丽娟进入罗源雕刻厂工作，师从林飞大师，深得雕刻三昧。林飞擅长人物圆雕，其仕女系列作品集灵石美与人体美于一体，在当代寿山石雕界独领风骚。黄丽娟沿袭林飞一脉，在人体比例、画面布局、人物神态、构图意境等方面开拓创新，发展了寿山石雕的女性题材。

黄丽娟的寿山石雕作品以人物为主，涉及不同年龄、风格迥异的的女性和孩童。作品将民族特色装饰融入寿山石造型艺术，表现出孩童的天真烂漫、少女的俏丽多姿和女性的温婉美丽。黄丽娟选用的原石多为别人不屑的"粗石"，巧用艺术构思，塑造出现代造型与传统技法融于一炉的女性形象。

■ 自 在

作品《头像章》是黄丽娟女性题材的代表性作品，其浓郁的民族风格、乖巧可爱的少女形象令人耳目一新。尤值一提的是，作者突破传统的印纽题材，如古兽、博古图案、翎毛、鱼虫、花果等，首次以少女头像作为印纽，扩大了传统寿山石的印钮品类，集中表现出黄丽娟对传统寿山石雕的艺术创新。

黄丽娟的女性题材作品一方面运用艺术想象，结合日常妆饰与人物情态进行写实；一方面利用艺术变形，突破传统雕刻技法的禁锢，打破人体的原有比例，呈现全新的女性视觉形象。其寿山石雕变具象的形象雕塑为概括处理，打破了寿山石长期以来的沿袭传统，为寿山石雕女性题材找到多元化、多层次、多方位的视觉创新和新的技法处理方式。

■ 头像章
现藏于厦门市海峡文化艺术品保护基金会

石料的解放 寿山石雕的艺术品

相对于田黄、芙蓉石等上等石料来说，"粗石"多指寿山石中的次等石料，如牛蛋、高山石、老岭石等，石质粗糙，色块杂乱，长期被认为价值不高。黄丽娟对石料的解放在于她对寿山石"粗石"的艺术性创造，将传统雕刻技法、现代艺术造型和色彩关系有机结合起来，用"粗石"创作了一批现代造型与传统技法融于一炉的艺术品，自成一家。

在黄丽娟看来，寿山石只有两种，一种是可塑的美石，一种是无法创作的劣石，但石雕成品的价值与石材自身并无关系。黄丽娟许多作品的原材并非市场炙手可热的石种，而是别人弃之不用的材料。只要她觉得这块石头有闪光点，

便是可塑之材。

出于对艺术的严谨态度，黄丽娟的作品产量不多，构思一个作品常要精心架构、反复摸索、三易其稿，故其成品别开生面、令人叹为观止。代表作《嘎妞妞》的材质是一块石质普通、体量较小的高山石，有灰、白、黑、红四色，色块既小又乱，相互参杂，也不通透，其上还有红筋、格裂，是一块典型的粗石。然而，粗石历经艺术家的"妙想迁得"与"精工细雕"后获得了极好的艺术效果，在美石林立的福建省工艺美术精品"争艳杯"中拔得头筹。

提到《嘎妞妞》这件作品的时候，黄丽娟微笑着说起这个美丽的"邂逅"："那个下雨天，我在逛集市，无意之间发现了它，虽然只是很普通的石材，但是当时它在雨水的浇淋之下显得更为鲜艳，而且还有着很漂亮的晕染。当时我的脑子飞快地转着，寻思着用什么样的题材来充分表现这块石头的美。这样想着想着，仿佛有一股魔力吸引着我，所以当即就把它买下了。"

经过相石后，黄丽娟决定用这块高山石雕刻一个少女形象。天然的小色块雕刻成头饰，晕染部分设计成碎花裙子，既浑然天成，又不失俏皮可爱。她说："粗

■ 嘎妞妞

石很有特色，色彩丰富、肌理明显，拿来创作圆雕作品再好不过，而且最大的优点就是好取舍，因此更容易表现自己想表现的，所以，以后的创作方向还是会继续关注和钻研一些粗石的作品。"

■ 两小无猜

■ 黑珍珠

　　长期以来，传统寿山石雕以石料优劣为重要判断标准，传统题材依托上等石料的寿山石雕被称为"吸金石"，一度受到全国各行各业的热捧。随着寿山石资源的日渐枯竭，寿山石雕向现代艺术品的转型成为投资收藏的新热点，这不仅是保持行业持久繁荣的需要，也是雕刻家成长和艺术提高的正确选择。

　　在题材的拓展与石料的解放方面，黄丽娟与陈礼忠两位艺术大师不谋而合，以严谨的创作态度延续寿山石雕的艺术道路。他们以优秀的作品获得业界的认可，为寿山石雕赢得艺术的桂冠，开拓了中国寿山石产业发展的新方向。

第六届中国工艺美术大师

陈礼忠

1968 年生于福建省福州市。高级工艺美术师，中国工艺美术大师，福州市一级名艺人，福建省寿山石文化艺术研究会副会长兼秘书长。

艺术生涯

1999 年，作品《啸震沧海》照片入选国家邮政局发行的邮政明信片中。

2002 年，《春声赋》获福建寿山石艺术家作品展金奖。《寒江独钓》照片被选用于中国电信 IC 卡。"家园系列"获中国工艺美术大师作品暨国际艺术精品博览会金奖。

2004 年，《家·天下》获中国寿山石大展金奖。

2005 年，《清风徐来香满堂》获全国"金凤凰"原创工艺品设计大奖赛金奖。《春日》获福建省工艺美术精品"争艳杯"大赛金奖。《入山》获全国四大名石雕刻艺术作品展金奖。

2010 年，《春声赋》被福建省委省政府选送，作为上海世博会福建馆镇馆之宝。

2011 年，《荷塘情趣》被中国国家博物馆收藏。

2012 年，在中国国家博物馆举办"志归完璞——陈礼忠寿山石雕艺术展"。在法国巴黎"中国文化中心"举办"陈礼忠寿山石雕作品展"。

2013 年，在福建博物院举办"文心荷境——陈朱、游光霖、陈礼忠艺术作品展"。

2014 年，在中国美术馆举办"文心点石——陈礼忠寿山石雕刻艺术展"。

出版著作《中国寿山石与雕刻艺术》《寿山石雕大图解·花鸟圆雕》《陈礼忠雕刻艺术》《石艺春秋——陈礼忠雕刻艺术》等。

艺术概况

在当代寿山石雕界，陈礼忠大师是新一代艺术家的杰出代表。他的作品讲究艺术性和社会性，展示出国石雕艺精品应有的美学品质与人文情怀。其荷、鹰、花鸟三大系列作品，突破石材的限制，扩大寿山石雕的审美领域，提高寿山石雕的艺术表现力。中国国家博物馆馆长吕章申誉之为"既有功力坚守传统技艺，又有勇气突破传统理念的中青年艺术家"。

题材的拓展——雄鹰与荷花系列

在寿山石雕艺术化这一历史进程中，陈礼忠坚持继承传统与立足创新的理念，打破传统的吉祥富贵题材，用雄鹰表现开拓期的顽强拼搏，以残荷表达成熟期的内敛。原中国美术馆馆长范迪安评价："在某种审美角度上讲，雄鹰系列作品与荷花系列作品，正是陈礼忠寿山石作品中突出显示灵性与诗意的代表性艺术载体。"

早年受教于老一辈中国工艺美术大师冯久和，陈礼忠认识到，优秀的艺术家既要触类旁通，也要精于某一题材。陈礼忠早期尤擅雕刻天鹅、鹰等翎毛类动物，后来选择专攻鹰主题。受美国瓷塑艺术家和生物学家爱德华·波姆的影

■ 误入莲花深处

响，陈礼忠曾蓄养了十几只鹰，悉心观察其栖息动态和习性。在精细的研究下，陈礼忠用黑色老岭石表现鹰的勇猛霸气，创作了一系列目光如电、炯炯有神、爪力雄劲的雄鹰形象，借鹰的雄壮之美表现自强不息、奋发图强的时代精神。

"翠鸟、残荷、枯梗"与"雄鹰、苍穹、枯枝"意境相通，是陈礼忠在艺术成熟期发掘的新方向。陈礼忠十几年来坚持对荷主题的寿山石雕不断挖掘和更新，从不同层面、不同角度展开对荷主题的深入探索。其刀下的荷叶、莲藕、翠鸟展示出浓厚秋意，桀骜不驯的荷梗于草木凋零、秋气肃杀中，以一种硬度和角度表现种种强悍不屈绵延不断的生命力，成为中国寿山石雕史上一道立体的文人花卉写意风景。

陈礼忠说："我在创作《秋荷》系列作品时，不仅非常注意荷梗中虚而外直这一与竹子非常相似之天然特性的逼真艺术显现，注意'荷花夜雨'这一审美场景的细微传神提炼，还非常注意'月下赏莲'这一独特审美场景之艺术氛围的形象生动凝聚。因为在月色的洗礼与映衬之下，满眼的荷花更显素雅之色，大有仙人凌空翩翩而至的神奇景象。"

残荷、雄鹰两大题材刚柔并济，鹰表现性格的刚烈，荷花则表现洁身自爱的文人情怀。陈礼忠的艺术创新对传统寿山石雕在新题材、新石材选择上进行了卓有成效的探索，为寿山石雕可持续发展之路开疆拓土。

石材的解放——灵性与诗意的升华

在中国寿山石雕艺术史上，陈礼忠的一大贡献是引导寿山石雕行业观念从重料到重艺术性的转变。其老岭石创作最大程度地表现出这一创造性和艺术性，为老岭石在荷花、雄鹰两大题材上开拓新的表现方式，传达出准确到位的艺术主题，受到业界的高度评价。

中国国家博物馆馆长吕章申认为："他摒弃唯石材论，对于天生丽质的石料，采取传统雕法最大限度的尊重自然美；他也长于发现不为人们所重视的石种的独特之美，将自己的人文修养通过刻刀融入其中，赋予石头新的生命力。"

老岭石属于粗质石料，不如田黄、荔枝冻那样晶莹剔透，常年暴露于地表，经风吹日晒，因而外表粗糙，石皮青黑，一般不具收藏价值。陈礼忠认为，一个雕刻师必须懂得"因材施艺"，选用老岭石黑白灰的色彩彰显老鹰的霸气，选用红黄绿相间的色彩表达残荷的风骨，这是一种挑战，更是一种创造。怀着这样的信念，陈礼忠对艺术的追求更加精进，用一种独到的视角审视老岭石的艺术化。

■ 家·天下

在寿山石雕交易市场重料的风气下，陈礼忠始终坚持"石无贵贱"这一理念，他认为突破石材的限制有助于寿山石雕的"可持续发展"，开拓新型资源必定是寿山石雕的未来方向，石材的解放甚至能带来艺术的解放。

寿山石雕行业的推动者

陈礼忠自幼聪慧勤奋，多年来不断加强自身文化底蕴的修养，在精益求精的艺术道路上完成从工匠到艺术家的提高与转变。其著作《中国寿山石与雕刻艺术》从中国寿山石雕艺术史的角度探讨寿山石雕的美学风格，在中国工艺美术行业发展的大背景下探寻寿山石雕未来的发展道路，文采斐然、观点新颖、论证严密，已成为研究寿山石雕艺术重要的参考著作。

在潜心创作、著述之际，陈礼忠同时致力于寿山石雕可持续发展战略等方面问题的研究。他提出"中国寿山石龙头产品工程"规划项目，建议为国家分门别类地推出一批足以代表国石水平的寿山石雕精品，分别在建国 70 周年、建国 80 周年、建国 90 周年、建国 100 周年之际展出，有组织地推动中国寿山石雕艺术发展史上第四个高峰的崛起。

陈礼忠又是一位优秀的社会活动家。作为福建省寿山石文化艺术研究会副会长兼秘书长，他致力于寿山石雕的产学研一体，带动了一大批寿山石雕艺术

家致力于石料的解放，有力推动了寿山石文化艺术行业的蓬勃发展。

在陈礼忠的眼中，寿山石雕艺术家的审美情结与国家的工艺美术产业振兴规划息息相关。他的愿景是："用普普通通的寿山石，努力打造一代精品乃至传世精品，在迎接中国寿山石1500多年历史上第四个艺术高峰崛起的人生历程里，脚踏实地、认认真真地做一些力所能及的事情。"在宏大的艺术蓝图下，陈礼忠孜孜不倦地构思创作，将自己的美学理念融于其中。

在"天遣瑰宝"的雕刻生涯中，陈礼忠坚持一丝不苟、精益求精，以精品佳作谱写寿山石雕的艺术品格。他以实际行动为寿山石在国石艺术发展道路上作出贡献，推动寿山石雕行业的繁荣发展，堪称中国寿山石雕中青年艺术家中的行业典范。

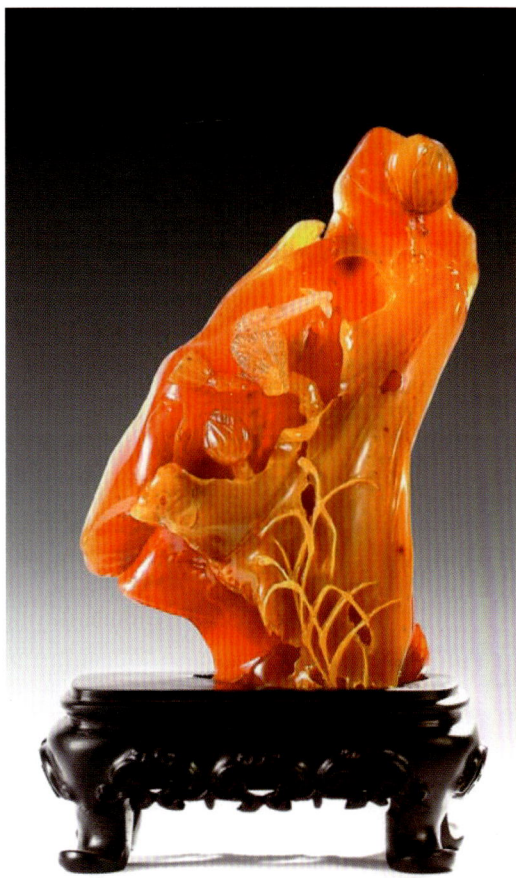

■ 枝俏泉青翠

现藏于厦门市海峡文化艺术品保护基金会

艺术传承

刘文伯－陈礼忠徒弟。1976年生，1997年毕业于福州师范艺术学校，擅长薄意、高浮雕。福建省工艺美术名人，高级技师。

冯　驰－陈礼忠徒弟。1986年生，2006年毕业于江西景德镇陶瓷艺术学院，擅长寿山石雕刻。中级工艺美术师。

第三届中国工艺美术大师

林学善

1945 年生于福建省福州市。高级工艺美术师，中国工艺美术大师，亚太地区手工艺大师，福建省非物质文化遗产"福州象园木雕工艺"代表性传承人，中国工艺美术学会木雕艺术专业委员会副会长，福建省古典工艺家具协会副会长。

艺术生涯

1981 年，作品《达摩》《宫怨》参加在北京举办的福州工艺美术展览会，获中国工艺美术品"百花奖"一等奖和二等奖。

1986 年，《达摩》获中国工艺美术品"百花奖"金奖。

1990 年，《千载之寿》获中国工艺美术品"百花奖"珍品希望杯奖。

1993 年，《达摩渡江》被中国轻工部征为"工艺美术珍品"，典藏于中国工艺美术馆。

1995 年，参加台湾"海峡两岸雕刻艺术精品展"，在台北中山纪念馆现场表演木雕技艺。

1999 年，《蒲团达摩》获中国国家级工艺美术大师精品展暨中国优秀工艺美术作品评选金奖，《创业艰难百战多》获银奖并于 2011 年被国家博物馆收藏。

2005 年，在美国旧金山硅谷亚洲艺术中心举办"林学善根雕艺术展"，中国驻旧金山总领事馆文化组组长阎应训、旧金山湾区逊威尔市市长赵中求到场祝贺。

2011 年，《天下为公》参加在北京全国政协礼堂举办的"百名大师百件工艺美术精品展"。

艺术概况

作为当代福州木雕艺术家中的杰出代表，林学善大师是福建省木雕行业获得"中国工艺美术大师"殊荣的第一人。半个世纪以来，林学善潜心雕刻艺术的创作与理论研究，大胆吸收现代雕塑艺术精华并融入福州传统木雕技法，在中国木雕界独树一帜。

对木雕材料的传承与发展

福州木雕在福建省木雕行业别具一格，以清晰的传承脉络、艺术流派与众多名家精品流传于世。林学善继承了福州木雕主要发源地——象园木雕"随形设计""因材施艺"的理念与表现手法，强调"天人合一"和"巧借天然"，把握"巧借天然"的创作理念，贯彻"三分人工，七分天成"的原则，使自然之"奇"与人工之"巧"圆满结合起来。

林学善的作品以人物为主，题材广泛，技艺精湛，尤为突出的是其对各种木质材料的艺术创造力。在材料的选择上，林学善以福建特产的龙眼木、荔枝木、樟木为首选，充分进行艺术构思与艺术发挥，运用中国画虚实相生的手法，熔传统雕刻技法与现代绘画手法于一炉，注重作品整体结构和气势的把握，把自然美与艺术美融为一体。

■ 创业艰难百战多

同时，林学善创造性地使用石材、陶瓷、金属和贝壳等材料，通过不同材料的雕刻塑造，从而对木雕技法进行创造，使之更好地运用于木雕制作。此举为福州木雕的传承、发展与创新起到极大的促进作用，展示出一位传统艺术家自觉吸收现当代艺术理念、探索传统技艺的现代化过程。

作品《创业艰难百战多》以陈毅将军为原型，以戎马的英姿烘托将军的豪迈气度。原福州大学厦门工艺美术学院院长、厦门市海峡文化艺术品保护基金会顾问庄南鹏先生对该系列作品盛赞不已，认为这是集人文精神、时代风貌、艺术造诣于一体的佳作，将之作为院校木雕课程的经典案例。此件龙眼木雕精品后被中国国家博物馆收藏。

林学善的人物作品多以随形材料来表现，保留木料的大然形态，注重对人物内在精神的刻画，无论传统人物、现代人物，都能十分精确地体现各自不同的身份和内在的神韵。其达摩系列作品大气洒脱，参灵酌妙，动与神会，令人憬憬若对神明。作者重点突出达摩的面部表情，或慈目低垂，或闭目冥想，或仰天长问，利用木料自然舒展而成团的瘤结来表现达摩面壁潜修、济度众生的思想境界，既表现出随形材料的天然质感，又展示了艺术构思的奇巧严谨。该系列作品为林学善的经典代表，不仅在艺术创作上达"百尊百变，不可复制"之境，而且保持了国内达摩题材木雕作品的高价记录，业界誉为"达摩善"。

■ 蒲团达摩

木雕精品一则表现雕的艺术效果，一则展示心的力量。林学善对本土木质材料的探索体现了一个艺术家永无止境的艺术追求。林学善曾以"六十初春"自勉，如今以"愿作甜美苦役七十老人"自谦，在其"耕心居"工作室里思考与创作，为福州木雕的传承与发展贡献力量。

福州木雕产业的推动者

作为德高望重的艺术大师，林学善学养丰厚、造诣精深，长期把继承传统、开拓创新作为自己的使命，不仅在艺术创作中精进研修，而且在传承发展上不遗余力，是福州木雕继承者中当之无愧的领军人物。

中国著名金石篆刻大师周哲文是林学善的岳父，更是他早期木雕生涯的导师。见林学善聪颖勤奋，周哲文老先生介绍他到当时福州最著名的木雕师傅阮宝光那里拜师学艺。在传承两位前辈大师的衣钵之时，林学善不仅得传统技法与现代美学之精髓，而且积累了丰厚的人文素养，殚见洽闻，博学多才，成为集传统与现代一体的佼佼者。后于1982-1984年入中央美术学院雕塑系进修，在著名雕刻艺术家钱绍武的门下学习素描绘画及雕塑理论，成为有成就的学院派雕刻艺术家一员。

2008年，林学善被福建省政府命名为"非物质文化遗产（福州象园木

■ 证严法师

现藏于厦门市海峡文化艺术品保护基金会

雕工艺）代表性传承人"。2011 年，中国工艺美术学会木雕艺术专业委员会授予的"福建艺术中心"在艺博园正式挂牌，这是迄今为止我国木雕界第一个正式挂牌的省级艺术中心。

为了让福州木雕薪火相传，林学善退休后致力于艺术传承与发展，不仅广开收徒，倾囊传授毕生技艺，希望他们肩负起传承重任，而且开放艺术展馆，使之成为公共艺术展馆，为市民提供交流、学习、品鉴的长期固定的平台。

在长期交流展览的过程中，林学善的木雕作品不断吸引国内外的收藏家慕名前来，扩大了福州木雕在中国木雕界的影响力。国家领导人以及国内外的收藏家们纷纷对大师完美自如诠释达摩精神的艺术造诣深表赞叹。1997 年，澳门何鸿燊先生参观福州木雕艺术展，当即收藏《蒲团达摩》，将其摆放在葡京赌场的二楼大厅，至今仍是镇场之宝。

1998 年，应台湾中华两岸文化资产交流促进会的邀请，林学善随福州雕刻总厂交流团到台北中山纪念馆和高雄市立中正文化中心展出，与台湾木雕之村——三义村切磋技艺，探讨台湾木雕和福州木雕的历史渊源，推动了两岸木雕界的交流合作。

在木雕艺术的传承发展、交流合作中，林学善推动象园派木雕业的兴盛与繁荣，对大坂流派、雁塔流派产生辐射效应。福州木雕三大流派彼此吸纳涵化，相互借鉴融合，推动福州木雕的整体繁荣，与莆田木雕、泉州木雕齐头并进，在中国木雕界功标青史。

艺术传承

林秀敏 - 林学善之女。1969 年生，擅长佛像雕刻、研究及古佛修复。高级工艺美术师，中国木雕艺术大师，福建省工艺美术大师。现任福州艺博园文化艺术有限公司艺术总监。

第四届中国工艺美术大师

卢思立

　　1943 年生于福建省泉州市。高级工艺美术师，中国工艺美术大师，福建省非物质文化遗产"惠安木雕技艺"代表性传承人。中国工艺美术学会木雕专业委员会副会长，世界佛教文化艺术研究会高级艺术顾问，福建省工艺美术学会高级艺术顾问，泉州市创意产业协会副会长。享受国务院颁发的政府特殊津贴。

艺术生涯

1978 年，作品《钟馗》参加全国工艺美术展览，获优秀设计一等奖，其照片于同年发表在《美术》杂志上，被中国国家博物馆收藏。

1984 年，《悟》获中国工艺美术品"百花奖"优秀创作设计一等奖。《皆大欢喜》被中国工艺美术馆收藏。

1986 年，研发"仿真彩木雕"科技成果获福建省科技进步三等奖，获泉州市人民政府科技进步一等奖。

1996 年，应邀赴马来西亚吉隆坡举办福建省第一次个人综合展"大师卢思立木雕作品展"，轰动马来西亚华人社区。

1998 年，城市雕塑作品《鲤鱼化龙》屹立在泉州丰泽广场。

2009 年，担任首届"艺鼎杯"中国木雕现场创作大赛评委。

2010 年，《同根生》《大地》《万世师表》参加上海世博会工艺美术馆展览并获特别金奖。

艺术概况

在中国当代木雕界，卢思立堪称福建木雕界的元老，是泉州雕塑界的名片，以巧夺天工之势名震"东亚文化之都"。在技艺方面，他开创了泉州自然型木雕一派，在传统精神外植入现当代气息，力求艺臻自然、物我化境的艺术境地，受到国内外收藏界的青睐。在产业推动方面，他参与研发的"仿真彩木雕"推动了泉州树脂工艺行业的开发和兴起，他创作的城市雕塑成为泉州向世界展示风采的不朽名片。

自然型木雕——相木随形 写意夸张

泉州木雕是南派雕刻艺术的典型代表，以古闽越地区地域文化为主流，具有内蕴雄浑、巧夺天工的特色，分为惠安木雕与南安木雕两派。卢思立的木雕，脱胎于惠安木雕，又糅合了大量现代艺术的表现手法，堪称具有现代审美意识的传统木雕。他的作品张弛有道，方寸之间独具匠心，达到"雕外求雕"的全新境界。

1978年，卢思立的黄杨木雕作品《钟馗》一举成名。该作利用木材的自然形状，因势造型，以简练概括的雕刻手法，只雕刻人物的头、足，写意般勾勒出一个嫉恶如仇、为民除害的钟馗形象，得到邓小平的赞誉。在那个时候，《钟馗》的意义不仅在于突破创作禁锢，更在于顺其自然，不再拘泥于固有的木雕样式。此后，卢思立创作出一系列相木随形、写意夸张的木雕作品，如《悟》《同根生》《大地》等，并将其称之为"自然型木雕"。

卢思立早年接受过正规的美术教育，其木雕创作不同于传统的木雕艺人和学院

■ 同根生

派雕塑家，而是融传统民间工艺与当代木雕艺术于一体。他认为："自然型木雕要考虑木材的纹理、颜色、性能，其中一个特点就是要先立意、后动刀，立意是依据材料的形态、色泽、纹理，然后与社会生活联系，是一种包括生活积累、思想境界的升华所得出的综合意象。我倾向于保留木头原始自然的一面，传达出灵魂。"

木有性而工治巧，卢思立在木雕艺术上体现出对于构思与技艺的独特表现力，使作品凸显出空灵剔透的风韵，博得业界一致好评。《雕塑》杂志执行主编宋伟光评价："艺术在很大程度上倚靠的是技术，但观念却起到成败与否的关键作用。卢思立是一个能够入乎其内、又出乎其外的艺术家，他这种根植于传统又与时俱进的艺术态度，会使他艺术之树常青。"

泉州城市雕塑的领航者

从 1979 年接受漳州市南山寺的雕塑邀请开始，卢思立的艺术神思从木雕延伸至泥塑、仿真彩木雕、大型城雕等，雕塑语言愈加丰富。早年为泉州府文庙作孔子塑像，卢思立经过反复思考和严密考察，一改孔子头戴官帽、抱笏默立的传统形象，展现出孔子"民性"大于"官性"的新形象，头扎儒巾，手中空无一物，双掌在胸前交叉行古式礼仪，面露微笑，和蔼仁慈。这一经典造型成为日后中国孔子塑像的重要参考形象。

在不断的挑战和不懈的努力中，卢思立一次又一次实现艺术的跨越。上世纪 80 年代，卢思立受泉州市工艺美术工业公司的委托，投身于仿真彩木雕的技艺和科技水平的双重突破中。1988 年，仿真彩木雕作品《好鸟》荣获轻工部中国工艺美术品"百花奖"优秀创作设计二等奖。这项科技成果不仅有力地推动了泉州木雕行业的腾飞，而且成功地推广应用于仿真彩陶工艺、树脂彩绘工艺上，并培训了成千上万的工艺技术群体，带动泉州树脂工艺行业的开发和兴起，形成当时泉州市工艺品出口创汇的产业支柱。

尤值一提的是，卢思立还把艺术视野扩大到公共艺术领域，参与塑造一个城市的文化精神，这使他在八闽中国工艺美术大师中独树一帜。1998 年，卢思立的城市雕塑作品《鲤鱼化龙》屹立于泉州市丰泽广场。直径 13.8 米的球形镂空浮雕气势磅礴，是具有中国风格和福建地域特色的环境雕塑精品，是泉州城市的重要标志，开创了工艺美术与环境空间艺术相结合的先河。全国权威刊物《雕塑》杂志将此作刊登在封面上，获得雕塑界同仁的一致好评。

而后，卢思立又在泉州市区西湖公园完成六米高人物石雕《李贽》。这座史诗式、丰碑式的雕塑不仅是泉州市民普及历史的教科书，而且成为泉州旅游景区一道闪亮的艺术景观。卢思立深感于无字教科书的巨大作用，满怀热情投身于城市雕塑的创作中。2006年，应邀创作《世纪和平纪念碑》城市雕塑，树立于泉州市刺桐路路口。

1992年，卢思立受到国务院表彰，享受国务院颁发的政府特殊津贴。荣誉是创作的动力，平原渠头的"香港回归纪念"雕像、福厦公路的"世纪和平"塑像、泉州天后宫妈祖塑像都是卢思立大师对现代城市雕塑的思考和实践。

■ 鲤鱼化龙

■ 天问

如果说自然型木雕代
表卢思立对泉州木雕传承
与发展的杰出贡献，那么
城市雕塑是他对泉州这座
城市的憧憬与期待。他深
知这不仅为艺术立言，也
为城市代言，催生泉州这
座历史文化古城持久蓬勃
的魅力。卢思立作为新中
国成立后第一批民间艺人
的杰出代表，在推动整个
泉州木雕行业展翅腾飞的
同时，更为闽南雕刻艺术
开启另一片辽阔的天空。

■ 诗成泣鬼神

艺术传承

卢维鼎 - 卢思立之子。1976 年生，1995 年毕业于厦门工艺美术学院雕塑专业，
　　　擅长于木雕作品中融当代艺术和传统艺术于一体。工艺美术师，泉州
　　　工艺美术大师。现任卢思立艺术馆负责人。

第四届中国工艺美术大师

方文桃

　　1943 年生于福建省莆田市。高级工艺美术师，中国工艺美术大师，世界艺术大师，国家级非物质文化遗产"莆田木雕"代表性传承人。

艺术生涯

1995 年，应马来西亚新山柔佛州中华公会邀请，为马来西亚最大的华文中学"宽柔中学"创作三米高白水泥孔子像，该作后登上中学语文书封面。

1999 年，《福临人间》获中国民间工艺美术迈向新世纪创作大展"世纪杯"金奖。

2000 年，《冲浪》获中国国家级工艺美术大师精品展金奖。

2001 年，《天水关》《海峡女神系列》均获中国工艺美术大师作品暨国际艺术精品博览会金奖。

2002 年，《逼上梁山》获中国工艺美术大师作品暨国际艺术精品博览会金奖。

2003 年，《卧薪尝胆》获中国工艺美术大师作品暨国际艺术精品博览会金奖。

2004 年，《慈航》获中国工艺美术大师作品暨国际艺术精品博览会金奖；受邀担任四川峨眉山金顶 48 米高"十方普贤"铜雕造像艺术顾问。

2010 年，《史湘云醉卧芍药丛》获中国工艺美术大师精品博览会特别金奖。

　　1980 年以来先后应邀赴川、粤、赣、闽、台湾元亨寺、花莲寺、东富禅院、西禅寺、大佛禅院等几十个寺院完成系列佛像数十尊。

艺术概况

　　莆田木雕兴于唐宋，盛于明清，素以"精微透雕"著称，赢得"中国木雕之城"称号。方文桃大师是当代莆田木雕界的领军者，以传统人物精品冠绝业界，不仅执木雕艺术之牛耳，而且以牙雕艺术驰名中外，名扬欧美、东南亚艺坛，被誉为"世界艺术大师"。

执木雕牙雕之牛耳 集传统人物之大成

　　木雕艺术在中国有数千年的历史，传统木雕人物重在神似，力求形神兼备、气韵生动。方文桃深谙此中妙义，对传统人物的塑造神过于形，意融于色，行神如空，行气如虹，为业界翘楚。

■ 观音立像

现藏于厦门市海峡文化艺术品保护基金会

■ 西归

　　方文桃擅长人物摆件雕刻、寺院大型佛像雕塑及创作设计，其刀下的传统人物，如达摩、观音、关公、罗汉等，作品构思独到、造型严谨、工艺精湛，雕塑感强，远看精气神俱佳，近观刻画细腻、惟妙惟肖。代表作《达摩》《观音》等于庄重蕴藉中见繁复工致，于精工细琢中见高贵雅正，表达禅定、明心见性的理念，极具艺术价值。

　　除木雕作品外，方文桃还是福建省牙雕行业令人敬仰的领航者。数十年来，他带领传承人方阳航、高足弟子宋春国等高徒，汲取木雕、寿山石雕、国画技法之精华，致力于传统人物在圆雕、浮雕、透雕、组雕等技法上的深化，区别于典雅醇厚的苏州牙雕、纤细精美的广东牙雕和富丽精巧的宫廷牙雕，形成"雅、润、简、清"的闽派风格。此举丰富了八闽雕刻品类，有效传承和发展了福建牙雕的艺术品位，促进了中国牙雕艺术的传承与发展。

　　早在上世纪 80 年代，象牙就成为国家保护物品，整个管理过程从原材料进口到制造者、成品都非常严格。象牙制品日益珍贵，象牙艺术精品更是难能可贵，是可遇而不可求的稀世珍宝。目前在大陆有经营权的只有 20 几家，方文桃便是拥有牙雕经营权的艺术大师。

史湘云醉卧芍药丛

方文桃的牙雕作品着力刻画人物性格，揭示人物内心活动，寓美感于人物形象，创造出不同凡响的艺术风格。作品精工细腻、古雅清奇、线条简约、圆润自然，在继承传统技法的同时，融汇现代美术理论和雕塑技法，深化、丰富和提升了闽派牙雕艺术。

方文桃师从著名木雕大师黄丹桂与刘荣麟，上世纪60年代赴厦门工艺美术学院雕塑系学习，良好的师承与学院派专业深造，加之艺术天赋，终成一代雕刻大师。无论木料，还是象牙，皆能恰到好处地用于雕刻人物，形、纹、刻、划有机结合，充分体现出各种人物的身份和神情韵味，集传统人物雕刻之大成。

佛坛圣手 不世之功

新中国成立以来，莆田木雕业生产规模不断扩大，成为全国最大的建筑装饰木雕、神像木雕生产地。方文桃不仅以传统人物雕刻取胜，而且以宝相庄严的佛像木雕作品饮誉海内外佛坛。上世纪80年代以来，方文桃出色完成众多名山大寺的佛像雕塑创作，足迹遍及川、粤、黔、赣、闽、台等地。

新世纪初，方文桃于寺院隐居，潜心于大型佛像研究，历经数载春秋，作品一经问世，顿时轰动国内外艺术界、宗教界。2006年，年届六旬的方文桃大师，在四川峨眉山金顶不负众望，成功完成48米高、重660吨的"十方普贤"铜雕造像。这是目前世界上最大最高的普贤菩萨像，将其艺术生涯推向新的高峰。

峨嵋山市大佛禅院的"四面千手观音"是方文桃的又一杰作。

■ 禅

现藏于厦门市海峡文化艺术品保护基金会

大佛禅院为朝拜峨眉山的第一门户，亚洲最大的十方丛林之一，亚洲最宏伟的汉传佛教寺院之一。方文桃所作观音造像通高 15.6 米，用乌木雕刻并饰以花金彩绘，造像慈悲安祥、庄严伟岸，与乌木之厚重沉着、灵性神秘珠联璧合、相得益彰，为大佛禅院的宏伟气势再添辉煌。

莆田佛像木雕在海内外兴盛之际，也带动了莆田木雕产业在国内的繁荣发展。方文桃、佘国平等一批大师抓住机遇，创办木雕个体企业，大获成功，从而吸引了一大批民间艺人纷纷重拾旧业，先后走上办厂创业之路，促进了莆田木雕业成为莆田支柱产业。与此同时，一批外商、台商也来莆田创办木雕企业，使莆田成为台商在祖国大陆来料加工、设厂生产和设点贸易最多最集中的中心点。2003 年，莆田市被中国轻工业联合会、中国工艺美术学会评为"中国木雕之城"。

在半个世纪的工艺发展中，以方文桃为代表的一批雕刻大师带动了莆田木雕行业的声名远播，为中国工艺美术行业的兴盛发展作出巨大贡献。在众多的荣誉前面，方文桃始终保持自己宁静的内心，以海纳百川的涵养与胸襟，携一生众多名垂青史之作，顶礼华夏木雕文明，屹立世界雕刻艺苑。

艺术传承

方阳航 - 方文桃之子。1971 年生，1993 年毕业于福建工艺美术学校雕塑专业，擅长佛教造像艺术。高级工艺美术师，福建工艺美术名人，莆田市工艺美术协会副会长。现任莆田市阳航工艺品有限公司董事长。

佘国平

1950 年生于福建省莆田市。高级工艺美术师，中国工艺美术大师，国家级非物质文化遗产"莆田木雕"代表性传承人。中国工艺美术学会木雕艺术专业委员会副会长，福建省工艺美术协会木雕专业委员会会长，莆田市兴化雕塑研究院院长，莆田市海慧艺术品有限公司艺术总监。

艺术生涯

1978 年，作品《人民的好总理》获全国工艺美术展览会"优秀奖"，被福建省工艺美术珍品馆收藏。牙雕《欢呼胜利》《惜春作画》（合作）获全国工艺美展"优秀奖"。

1987 年，创作四川乐山乌尤寺五百罗汉和四面千手观音像。

1999 年，《横刀立马》获中国民间工艺美术迈向新世纪创作大展"世纪杯"金奖。《醉眠芍药》获首届中国国家级工艺美术大师精品展金奖。

2001 年，《海螺姑娘》获中国国家级工艺美术大师精品展金奖。赴新加坡举办"有木共睹、有石共赏"大师精品展，新加坡南洋艺术学院院长、原新加坡文化部部长何震良为展览致开幕词并亲笔题词。

2000-2008 年，为日本三宝山无量寿寺创作大型木雕及石雕佛像。为台湾中台禅寺雕刻大殿韦驮像和泥塑金刚力士像。

2008-2010 年，完成中华妈祖文化研究院妈祖软身坐像的塑造，其中九龙宝座系首创。完成台湾高雄天宫庙、广东坞泥天后宫、福州马尾船政天后宫、"三坊七巷郎官巷天后宫"佛像、佛龛创作。

艺术概况

在中国雕塑艺术领域，"雁门雕刻世家"是举世公认的优秀雕刻家族。创始人佘国平不仅发掘传统木雕的现代审美品类，而且带领这支直系传承、良才辈出的队伍，为佘门木雕赢得极大的荣誉，也为莆田木雕饮誉海内外作出积极的贡献。

木雕艺术 力与美的结合

作为莆田木雕界的优秀代表，佘国平是一位才华横溢而又严谨笃实的全能艺术大师。作为"雁门雕刻世家"的创始人与艺术总监，他的作品遍及木雕、牙雕、玉石雕与大型佛像雕塑，风格多样而独具特色，既有雄姿英发的英雄武将形象，又有婉约柔美的女性形象，展示出力与美的艺术结合，是融传统与现代于一体的艺术实践者与理论总结者。

佘国平的早期作品以武将题材为主，人物造型讲究结构、比例。从1973年创作《三英战吕布》开始，佘国平的武将题材逐渐得到业界的认可。随后，《横刀立马》《力拔山·气盖世》《长坂坡》等武将题材作品逐一闪亮登场。此类作品多糅合传统和现代的技法，以宏大的体量、谨严的比例、鲜

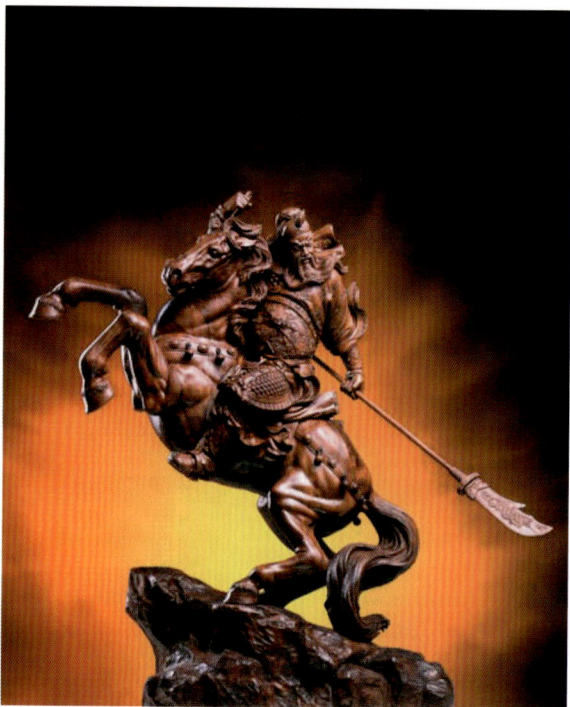

■ 横刀立马

活的姿态及紧绷壮实的肌肉展示出骁勇善战、雄姿英发的武将形象。

在现代艺术的熏陶下，佘国平以女性形象的静态表现力为突破口，临摹裸体模特，以丰富传统木雕的艺术表现力，这在莆田木雕界尚属先例。在此基础之上，佘国平用虚实对比的手法表现出作品生动的体态美与意境美，将女性的柔美婉约表现得淋漓尽致。此类代表作如《醉眠芍药》《海螺姑娘》《四大美女》等，多以色泽淡雅、质地润洁的黄杨木衬托女性曼妙优雅的体态，以精雕似幻似真的人体与周围环境的融合表现古典主义的意境，突出现代主义的身体语言丰富性，表现出人与自然、自我与世界的关系。

谈到木雕理念，佘国平认为雕塑之魂在于立体空间中块、面、形体构成的体积感。"雕塑是形体塑造的艺术，雕塑的语言是体积，体积处理上的好坏关系到作品的生命。体积塑造要求均衡、概括、集中、洗炼，同时又要求有变化、有对比、有节奏、有韵律，应该干净利落，连得起、分得开。"在和谐的体积塑造基础上，佘国平融入学识涵养、情感意志、艺术理念等创作要素，最终集古典意境之大成，兼有"骏马秋风蓟北"之豪迈与"杏花春雨江南"之婉约，实为莆田木雕艺术走向现代审美的标杆。

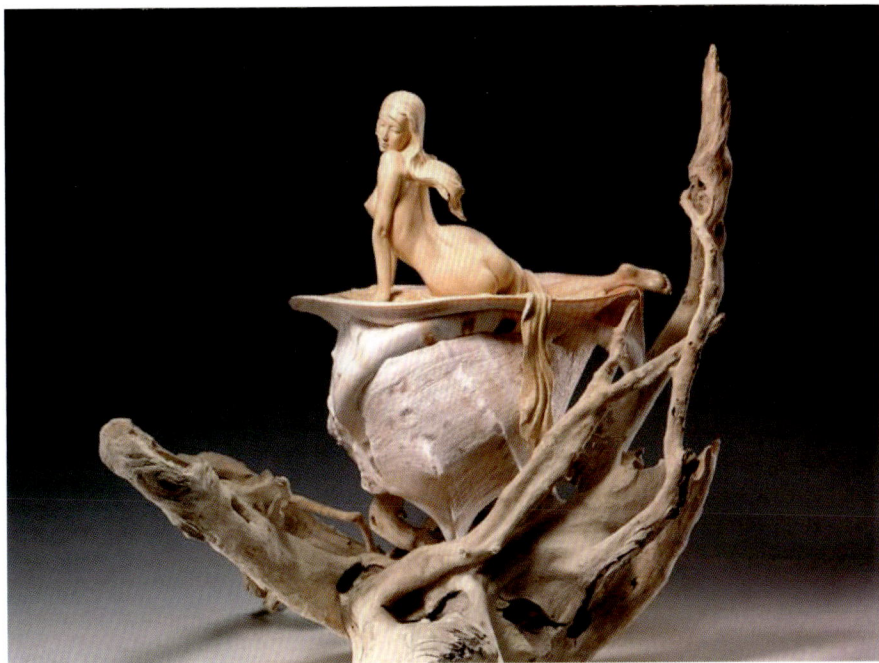

■ 海螺姑娘

雁门之尊——莆田木雕业的有力推动者

在莆田木雕走向产业化之初，佘国平不仅以丰富的艺术表现力得到业界的认可，而且以佛像雕塑作品博得海内外满堂喝彩。同时，"雁门雕刻世家"在创作、研究等各类雕刻艺术领域成就斐然，推动莆田木雕业成为福建省影响深远的文化产业。

佘国平的佛像雕塑比例匀称，纹饰细腻，宝相庄严，恰如其分地传出佛的神采。从2000年起，他承揽了日本三宝山无量佛寺几乎所有佛像的雕塑工程。2008年8月，该寺举行念佛宗王坛落成庆典，莅临观礼的有西哈努克亲王夫妇、各国的王子王妃、高僧大德、艺术大师，还有日本的政坛要人和各界民众，共五万多人。在当代日本佛像的发展史上，佘国平与他的木雕艺术堪称一绝，直接推动莆田木雕登上东亚地区的冠冕。

"雁门雕刻世家"源于佘国平的父亲——福建省民间木雕大师佘文科，至佘国平一代发扬光大。佘国平的兄弟佘国珍、佘国富、佘国新皆为雕刻名家，佘国平的女儿佘向群、女婿江晓是专业院校出身的高材生，如今在新一代木雕艺术家中已出类拔萃。"雁门"艺术家以传承发展、开拓创新为己任，不断创造莆田木雕艺术的辉煌。

■ 晚 秋

在家族传承之外，佘国平还发起成立"莆田兴化雕刻研究院"，直接施惠于福建省乃至国内外有志于雕刻艺术的莘莘学子。数十年来，他培养了大量优秀雕刻艺术家，投身于莆田木雕业的各个领域，带动并扩大了莆田木雕业在全国乃至海外的市场份额。近年来，莆田不但成为全国最大建筑装饰木雕、神像木雕的生产地，也成为全国最大的内销木雕礼品、工艺品、工艺家具的主产地和集散地。

在奔放不羁的表现手法、汪洋恣肆的艺术风格中，佘国平以艺术家天生的悟性，不懈追求的韧性和博大宽广的胸襟，创作出令世人青睐的艺术精品。在"雁门雕刻世家"的茁壮成长中，他是雁门之尊，更是一位出类拔萃的艺术大师。

艺术传承

佘向群 – 佘国平长女。1974 年生，1995 年毕业于福建省工艺美术学校工艺雕塑专业，1999 年毕业于中国书画函授大学雕塑专业，擅长表现现代女性婉约之美感。高级工艺美术师，中国木雕艺术大师，福建省工艺美术大师。现任莆田市兴化雕塑研究院副院长。

江　晓 – 佘国平长女婿。1974 年生，1993 年毕业于福建省工艺美术学院工艺雕塑专业，1999 年毕业于中国书画函授大学雕塑专业，擅长把握雕塑的整体感与线条，表现出高超的写实技巧和浓郁的浪漫主义色彩。高级工艺美术师，中国木雕艺术家，福建省工艺美术大师。现任莆田市兴化雕塑研究院艺术总监。

佘国珍 – 佘国平胞弟。1956 年生，擅长以传统木雕技艺融入石雕创作，兼具中国传统雕刻精神与学院派的写实风格。高级工艺美术师，中国石雕艺术大师，福建省工艺美术大师，中国工艺美术学会高级会员，福建省工艺美术学会常务理事，莆田市工艺美术协会副会长。现任莆田市国珍艺品有限公司艺术总监。

黄献武 – 佘国平徒弟。1953 年生，擅长表现天然木雕独特的造型与创意。高级工艺美术师，福建省工艺美术大师，中国雕塑专业委员会会员。现任莆田市岭南工艺厂艺术总监。

林庆财

1961 年生于福建省莆田市。高级工艺美术师，中国工艺美术大师，中国工艺美术学会木雕艺术专业委员会副秘书长，北京福建企业总商会副会长，北京明清家具协会副主任，北京大家之家古典家具有限公司董事长。

艺术生涯

1999 年，作品《麻姑献寿》获中国民间工艺美术迈向新世纪创作大展"世纪杯"银奖。

2001 年，《万佛梵宫》获中国工艺美术大师作品暨国际艺术精品博览会金奖。《十八罗汉》《苏东坡》分别获上海第三届工艺美术精品博览会金、银奖。

2002 年，《九莲观音》获中国国家级工艺美术大师精品展传统艺术金奖。《九龙观音》《关公》等五件作品被苏州工艺美术博物馆收藏。

2003 年，《苏武牧羊》获中国国际礼品展览会（工艺类）金奖。《九龙观音》获中国国家级工艺美术大师精品展金奖。

2004 年，《鲁迅》《多宝格》《贝多芬》均获中国国家级工艺美术精品展金、银奖。《托泥圈椅》获中国工艺美术民间工艺品博览会金奖。

2006 年，《架子床》获中国（莆田）海峡工艺品博览会金奖。《荷叶观音》获中国收藏家喜爱的工艺美术大师和精英评选金奖。

2007 年，《九龙如意》获中国（莆田）海峡工艺品博览会特别荣誉奖。《仙道》被中国国家博物馆收藏。

2009 年，《拔步千工床》获中国（莆田）海峡工艺品博览会特别金奖。

2011 年，《百鸟朝凤》《琴棋书画》被中国木雕艺术馆收藏。

艺术概况

在"仙作"家具风靡海内外，占据中国古典家具半壁江山之前，林庆财就以敏锐的艺术感受力脱颖而出，成为"仙作"品牌中第一位中国工艺美术大师。经过数十年的文化沉淀，林庆财大师不仅展示出独特的木雕造诣，而且成功推广了"大家之家"古典家具品牌，推动"仙作"古典家具产业的全面升级，是"仙作"产业的领军人物。

清刀利落 简洁新颖

莆田木雕兴于唐宋，盛于明清，素以"精微透雕"著称，以佛像、家具、清供摆件为主要品类。林庆财在家具的实用性基础上增加艺术元素，不仅推动了仙游古典家具的艺术化与现代化进程，而且将古典家具的艺术感移植于木雕艺术品中，展示出清刀利落、简洁新颖、创思独到的艺术风格。

林庆财的父亲为著名民间艺人林良藻，精通闽地"眠床"的制作工艺。在父亲的教导下，林庆财上小学时已是远近闻名的雕花好手。上世纪80年代，仙游县成立榜头工艺厂，时年21岁的林庆财进厂深造，从雕刻传统图案入手，先后掌握各种雕刻技法并熟练运用。

林庆财在接受《品牌红木》专刊采访时表示："木雕艺术是闽莆工艺雕塑艺术中最具地方特色和传统风格的一门艺术。我从

■ 扑 蝶

事木雕 30 多年，从 1981 年的小物件雕刻，到独立完成大中型木雕佛像的设计创作，一路辛酸作陪，感触颇多。一直以来，我都非常钟情雕刻工艺，这也是我的强项，我的技术在当时就被许多工艺美术界前辈所注意，并经过重重考验和各种考核，包括画画、表演、雕刻等，最终脱颖而出。"

经过多年的实践与理论学习，林庆财在继承传统工艺的基础上，借鉴富有地方特色的微雕、根雕、黄杨木雕、荔枝雕等技法，同时转化传统木雕的平面、静态为立体、运动、多棱角的现代艺术感，使莆田木雕摆脱工匠化，走向艺术化，从而创作出大量形象生动、反映时代精神的雕刻艺术品。

其木雕代表作《仙道》，人、驴、石三者比例适度，结构合理，整体轮廓简练舒展。选择色泽典雅的黄杨木，利用木材本身的自然纹理塑造人物面部表情，很好地表现出张果老率真随性、淡泊隐居的出世情怀。

林庆财的木雕之美还在于其借用传统家具的艺术感，开拓出"用""藏""美"三者统一的木雕艺术之路，为莆田木雕注入新的生机与活力。在木雕艺术的熏陶下，林庆财的古典家具作品不断推陈出新，成为令世人瞩目的"仙作"名牌。

■ 仙 道

大家之家——古典家具产业的领军者

经过几代人的不懈努力，古典家具成为莆田仙游的龙头产业。林庆财的古典家具体现出自明清开始逐渐演化的中式现代风格，兼具实用性与艺术性，以精湛的技艺与典雅的风格受到市场的青睐，以北京为中心，奠定仙游古典家具品牌在全国的稳固地位，推动"仙作"古典家具品牌并肩"京作""苏作""广作"，成为中国古典家具的领军品牌。

"大家之家"是林庆财古典家具的品牌名称，这一系列家具在继承发扬中国传统明清硬木家具简练、精巧、榫卯结构等优点的基础上，完美嵌入精湛的现代雕刻技巧，将凿、刻、磨、雕、铲等技艺融会贯通，做到每一件家具都是精品、经典。

基于精品的艺术追求，林庆财在充足的木料储备基础上，只选海南黄花梨、小叶紫檀、酸枝等高档红木材料，为中式古典家具精品树立行业标杆。榫卯结构为中式家具之魂，榫卯之重在脱水。在脱水工艺上，"大家之家"选用真空

■ 双月洞门架子床

干燥工艺，确保原木的干燥质量，保障木质榫卯的弹性。在造型的选择上，林庆财偏爱明式家具，以结构的合理化与造型的艺术化，充分展示明式家具简洁、明快、雅致的艺术风貌，致力于美学、力学、功用三者的完美统一。

林庆财的古典家具品牌"大家之家"引领仙游地区聚集了一大批古典家具品牌，不仅推动古典家具产业集开发、设计、生产、销售、服务为一体，成为仙作的支柱产业，莆田文化产业的重要组成部分，而且在历届国家级工艺展会上摘金夺银，占据国内古典家具市场半壁江山，是引领国内红木家具市场重要的风向标和晴雨表。

在莆田地区，以林庆财为代表的古典家具品牌的崛起标志着以文化艺术为灵魂、以传统技艺为支撑、以市场导向为核心的"仙作"家具形成独特的创意文化产业。2006年10月，国台办和福建省政府在莆田工艺美术城举办第二届中国（莆田）海峡工艺品博览会，仙游县获得全国唯一的"中国古典工艺家具之都"荣誉称号。

在林庆财等一代艺术大师的不懈努力下，莆田木雕、仙游古典家具两大支柱产业于新世纪初进军北京，走向世界，成功开创中国文化产业名牌，在古典家具工艺上独树一帜，在海内外木雕界以及古典家具市场中独占鳌头。

艺术传承

林白兰 – 林庆财长女。1985年生，2007年毕业于仰恩大学国贸系，擅长古典工艺家具设计制作。中级工艺美术师。现任莆田市大家之家古典家具有限公司副总经理。

林锐群 – 林庆财长子。1987年生，2009年毕业于仰恩大学广告设计专业，擅长古典工艺家具研究创作。2012年中国红木家具行业十大杰出青年。现任福建省工艺美术学会副会长，莆田市大家之家古典家具有限公司总经理。

林锐雄 – 林庆财次子。1988年生，2008年毕业于厦门工艺美术学院美术专业，擅长古典工艺家具设计制作。中级工艺美术师。现任莆田市大家之家古典家具有限公司副总经理。

第六届中国工艺美术大师

吴学宝

　　1940 年生于福建省福州市。高级工艺美术师，中国工艺美术大师，国家级非物质文化遗产项目"软木画工艺"代表性传承人，中国民间文化杰出传承人。

艺术生涯

1962 年，作品《晨曲》获福建省优秀产品展览会优秀作品奖。

1977 年，《谦斋老师归日图》获福建省工艺美术展览会优秀作品奖。

1984 年，《友谊之路——郑和下西洋》获中国工艺美术品"百花奖"优秀创作设计二等奖。

1986 年，《万里长城》获首届福州工艺美术"如意杯"大赛特等奖。《踏遍青山寻药草——李时珍》获福建省工艺展二等奖。

1994 年，《土楼奇观》《鹭岛风光》《泉州东西塔》《武夷春色》装饰于北京人民大会堂福建厅，吴学宝被评为先进工作者，由福建省人民政府发给奖金及荣誉证书。

1995 年，《永定土楼》获福州工艺美展特别奖。

2005 年，《土楼奇观》以闽西地区土楼建筑风貌为素材，陈列于福建省鲤鱼洲宾馆。

2012 年，《福州于山定光塔》《武夷风光》参加"国家非物质文化遗产福州软木画保护成果展"。

艺术概况

软木画又称软木雕、木画，是一种"雕""画"结合的手工艺品，为福州市特有的工艺美术品种，国外誉之为"东方艺术珍品"。吴学宝是唯一一位以"软木画"荣膺桂冠的艺术大师，是中国"软木画"走向世界的领航者。

宋人笔意 古雅清奇

软木画兴起于上世纪初，以软木为媒介，表现中国画的传统意境，业内称其为世界上独一无二的用木头创作的中国画。作为软木画的第二代传人，吴学宝以精湛的技法不断开拓软木画的表现方式，提高审美趣味。作品古雅清奇，颇有宋人笔意。

软木并非木材，而是取材于栓皮栎树的木栓层，俗称树皮。栓皮栎树又称橡树，是世界上现存最古老的树种之一，也是珍贵的绿色可再生资源。软木画将这种质地疏松、轻软、富有弹性且纹理细润、色泽典雅的软木切削成薄片，运用中国各种传统雕刻技法，以刀代笔，用手工加以精雕巧镂，制成纹理纤细的艺术画面。

■ 定光塔

据吴学宝介绍，软木画制作精细，工序复杂，工时极长。从图纸设计到装框完成，前后需要大大小小 18 道工序，有人做亭子，有人做亭盖，甚至连树叶与树干都有专门的分工，每道工序均由手工完成。在制作标准方面，一幢楼阁窗棂、橼子、柱子等都细若发丝，密密的屋瓦不足一毫米，松树的松丝更是细若发丝。要从一大块软木上取材，再用刀雕画出各种建筑、植物、人物、动物的形象轮廓，然后用白胶将几十、几百乃至上千根的细线条一一组合上去，工序十分繁复，往往"造"一个小房子就得花费数小时。

吴学宝是目前软木画行业中少有的"全能"工艺师，可以独自一人完成设计和制作的所有工序。在传统工艺趋向现代化、国际化之时，吴学宝灵活借鉴木石雕中的浮雕、圆雕、透雕等技法，融多种雕刻手法于一炉，不断尝试开拓软木画的艺术表现方式，提高传统工艺的审美价值。

1958 年，吴学宝采用古人作画技法，创作了仿宋木画挂框作品《寒汀宿雁图》。此后，他大胆应用木、石雕的圆雕、透雕技法，创作了《谦斋老师归日

■ 土楼奇观

图》，该作在有限的画面中，细致刻画了大小 19 个形态各异的人物，生动再现了 300 年前中日交往的历史场面。

1986 年，为扩大画框内有限的空间，使景物的形象立体化，吴学宝在作品《万里长城》中首次运用有机玻璃衬景法，成功解决了软木画作品表现多层次远山、近景的布局难题，提高了软木画工艺的艺术层次。这种借鉴中国园林"框景"的手法，构图新颖别致，画面层次分明，色彩古朴典雅，深得业界一致好评。

综观吴学宝大师的作品，以福建地区景观为主要题材，如《福州于山定光塔》《武夷风光》《土楼奇观》等代表作品，善于再现我国古代亭台楼阁，色调古雅纯朴，形象逼真，画面意境深邃，远奥高古，清奇可爱，具有"丛山数百里，尽在一框中"的艺术效果。

软木画经过百年的工艺发展，已在吴学宝等第二代传承人的手中取得巨大的进步。他技艺全面，工艺精湛，勇于创新，不仅熟练掌握软木画的全部工艺过程，而且成功扩大软木画的艺术表现力，是福州软木画行业中的典范。

传承典范——软木画行业的元老

1914 年，福建巡按使许世英从国外带回一张简单、粗糙的圣诞风景贺卡，交给当时的福州工艺传习所总传习师陈春润与木雕技师吴启棋（吴学宝之父）进行研究。吴启棋发现贺卡中所用材料是一种产于欧洲地中海沿岸西班牙、葡萄牙等国的栓皮栎树的栓皮层，俗称"软木"。陈春润便与吴启棋、郑立溪等人一起研究，用福州水松根代替"软木"，雕刻成各种花、草、树、山，按中国画稿，粘贴在厚纸板上，制成中国的第一副"软木画"。

50 年代初，吴启棋、陈锟等人的软木画作品《天安门》《北京万寿山》《颐和园》等在全国屡获大奖，产生轰动。在父亲的鼓励下，吴学宝投身软木画的创作与研究，成为软木画第二代传人。在吴学宝等一批软木画前辈的带领下，软木画畅销五大洲 60 多个国家和地区，出口产值达 5000 万元以上，是上世纪 80 年代福建省外贸出口创汇率最高的产品之一。

2005 年，吴学宝软木画工作室落户于福建省工艺美术研究院，他本人则当选为福州软木画唯一的国家级传承人，为软木画的传承与发展尽心尽力。面对日渐繁荣的艺术品市场，吴学宝坚守软木画的艺术品格，延续软木的手作时代，他认为："软木画只能是手工制作，因为软木有很多天然纹理，人工才能避开，机器就没有办法了。"

软木画第三代传人陈希炎是吴学宝的高足，在良好师承的基础上，致力于

开拓软木画的艺术表现力，如首创锉刀法，使用大面积软木，融入历史题材等多种手法，表现软木画清新雅逸的意境。

在采访过程中，已过古稀之年的吴学宝大师侃侃而谈，言谈之中抑制不住对软木画的热爱。同是古稀之年的弟子陈希炎静静守在一旁，不时为师傅吴学宝端茶倒水，甚至在最后合影时，还细心为吴学宝理平衣领。

作为世界上独一无二的民间手工艺品种，软木画以"无声的诗、立体的画"闻名于世。吴学宝沿着软木画的传统意境出发，开宋人笔意先风，拓宽软木画的表现方式，当之无愧软木画的领航者。在软木画兴盛的一个世纪里，吴学宝坚守艺术信念，为软木画的传承与发展筚路蓝缕，展现出一代大师风范。

艺术传承

陈希炎 - 吴学宝徒弟。1945 年生，擅长表现布局大气、细节精致、意境清新雅逸的软木画。工艺美术师，福建省工艺美术大师，高级技师。现任福州传承软木画有限公司创作部总监。

第六届中国工艺美术大师

郑国明

　　1957年生于福建省泉州市。高级工艺美术师，中国工艺美术大师，中国木雕艺术大师，福建省非物质文化遗产"惠安木雕技艺"代表性传承人，"德艺双馨"雕刻艺术大师。

艺术生涯

1999年，作品《济公》获中国工艺美术创作大展赛金奖。

2000年，《屈原·离骚》获中国国家级工艺美术大师精品展金奖。

2001年，《福》获福建省首届民间艺术家作品评选金奖。

2002年，《霸王别姬》获福建省工艺美术精品"争艳杯"金奖，被福建省工艺美术馆收藏。《空》获中国（东阳）国际木雕艺术大奖赛三等奖，被大奖赛组委会收藏。

2003年，《浩然正气》获中国工艺美术大师作品暨国际艺术精品博览会金奖。

2004年，《李白》获中国工艺美术民间工艺品博览会金奖。《郑板桥》获"中国民间文艺山花奖·民间工艺奖"优秀奖。《自在观音》获中国民间雕刻、陶瓷、剪纸艺术大师精品赛金奖。

2009年，《智者——奇才怪才辜鸿铭》获中国（南宁）工艺美术精品博览会创新金奖。

2010年，《磨剪刀》入选海峡两岸迎春木雕精品展，被中国工艺美术馆收藏。《霸王别姬》获上海世博会中华艺术·国家大师珍品系列荟展——中华木雕精品展特别金奖。

2013年，《永恒》获韩国国际造型设计展金奖。

艺术概况

在中国雕刻艺林史上，惠安木雕具有重要的地位和影响，素有"北有东阳，南有惠安"之称。郑国明是当代惠安木雕艺术大师中的杰出代表，不仅继承了传统技艺精华，而且以材质为突破口，开创出木雕艺术的独特风格，使单纯的手工技艺上升为独具区域特色的文化元素。尤为突出的是，郑国明以强烈的社会责任感和艺术使命感，为惠安木雕的发扬光大作出巨大的贡献。

夯实理论基础 提升艺术品位

作为一名具有创作自觉意识的艺术大师，郑国明不仅具有扎实的基础理论知识，而且在实践中敢于不断体悟创新，促使惠安木雕艺术继往开来，提高惠安木雕在中国木雕界的地位。

■ 神光鬼影辨真假

　　数十年来，郑国明不断刻苦钻研工艺美术专业理论，研究寺庙古建筑、神仙菩萨、古今人物、飞禽走兽等雕刻题材，特别是在天然根包石雕、浮雕、民间与现代艺术等方面进行了深入的探讨。此外，郑国明还注重结合实践和理论，先后多次参加中国雕塑论坛会议和海峡两岸高峰对话，从沟通交流中取长补短。

　　在长期的学习交流中，郑国明悟出，艺术的精髓不仅通过技巧来表现，而且有赖于思想深度。为表现作品的艺术高度，郑国明以"巧雕"之法，巧妙利用木质材料的特殊形态，实现创意与技艺、思想与现实的完美结合。对于一般人所摒弃的那些造型不规则、纹理错乱的特殊型木质素材，争取充分利用木料或抱石木的自然形态，利用素材的内部变化完成艺术加工。

　　在郑国明的眼中，"立足传统"的前提是学习、熟悉并理解传统，"再造传统"则是在传统基础上的创新，是对传统木雕自觉追求艺术品位的探索。围绕传统木雕的"再造"课题，郑国明以丰厚的理论学养为惠安木雕提升了审美价值，为惠安木雕探索出独特艺境。

■ 赤壁赋

惠安木雕的优秀传承人

在郑国明的身上，时时展示出一位艺术大师的乐观心态、儒雅随和的性格特征，以及崇尚创造的优秀品质，呈现出一种超然达观的生活态度与处世方式。中国艺术研究院博士生导师韩美林高度评价郑国明"大悟成佛"。达观随和的天性，为郑国明大师纵横捭阖，想落天外的艺术构思创造条件。

正是这种宽广的胸襟与气度，使得郑国明不仅努力挖掘自己的艺术天赋追求艺术巅峰，而且满腔热忱地致力于推动惠安木雕行业的发展壮大。2000年，郑国明出资与中国工艺美术学会雕塑专业委员会在惠安联合创办"福建惠安雕塑培训班"，邀请众多中国雕塑界的名师、专家、学者积极来惠安授课，极大地提高了惠安县雕塑界人员的理论水平，为惠安雕塑企业的腾飞打下坚实的基础。

多年来，郑国明先后培养了中高级以上专业技术职称人员80多人、技术工人1000多人，有的现在已成为惠安县雕刻企业的掌门人。为了使雕塑学子能有较好的学习实训基

■ 霸王别姬

地，郑国明还积极加强与集美大学的沟通，成功实现联合培养计划，集美大学在"国明雕刻艺术园"设立学生实训基地。泉州市非物质文化遗产工作领导小组授牌该基地为惠安木雕技艺传习所。

在城市发展的助推力上，大师的经济催化效应很明显。目前，木雕已成为惠安县的经济主要增长点，这与木雕大师卢思立、黄泉福、郑国明等的影响力密不可分。2008 年，郑国明应邀参加台湾台北举行的"海峡两岸高峰对话"，被礼聘为台湾著名闽南古建木雕艺术顾问，推动了两岸文化艺术交流，为中华民族优秀传统文化的保留和继承贡献自己的一份力量。

在艺术创作领域，郑国明以高度的理性与高度的感悟完美结合，以娴熟的技艺提升传统木雕作品的艺术品位，自觉带动福建惠安木雕从传承进入创新阶段。在艺术传承领域，郑国明以百年传承为已任，为惠安木雕产业的发展尽心尽力。在传统工艺走向现代化的今天，郑国明的艺术创作水平与传承发展贡献并驾齐驱，当之无愧为惠安木雕的继往开来者。

艺术传承

郑燕萍 – 郑国明之女。1984 年生，2007 年毕业于集美大学艺术设计专业，擅长后现代木雕艺术风格。中级工艺美术师。现任国明雕艺园设计师。

薛建文 – 郑国明徒弟。1975 年生，2006 年毕业于清华大学雕塑专业，擅长人物雕塑。中级工艺美术师。现任国明雕艺园设计师。

庄伟东 – 郑国明徒弟。1976 年生，1996 年毕业于福州大学厦门工艺美术学院雕塑专业，擅长传统艺术雕刻题材。中级工艺美术师。现任国明雕艺园车间管理负责人。

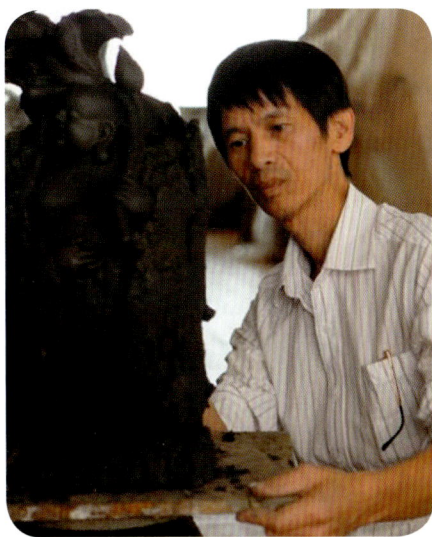

第六届中国工艺美术大师

黄泉福

1960 年生于福建省泉州市。高级工艺美术师，中国工艺美术大师，外交部钓鱼台国宾馆"泉福艺术馆"负责人，中国工艺美术协会副理事长，福建省非物质文化遗产"惠安木雕技艺"代表性传承人，惠安县人大常委会副主任，享受国务院颁发的政府特殊津贴。

艺术生涯

2004 年，作品《仙佛会》获中国美术家协会主办的全国首届壁画大展工艺成就奖。

2005 年，《老子》《单刀赴会》应邀参加台湾第十二届文化艺术薪传奖，获"民俗工艺薪传奖"。

2008 年，《皆大欢喜》（十八弥勒佛系列）获中国（深圳）国际文化产业博览交易会金奖。

2009 年，《天地仁和》《福如东海，寿比南山》均获中国（深圳）国际文化产业博览交易会金奖。

2010 年，被中国知识产权局评为"中国知识产权自主创新十大人物"。

2011 年，《人与自然》获中国工艺美术"百花奖"金奖。《和谐中华》获2011 年中国轻工精品展览会创新金奖。

艺术概况

卓越的艺术家总以巨大的心灵能量和坚忍不拔的毅力著称于世，黄泉福就是这样一位令人敬佩的工艺美术大师，是惠安木雕界的传奇。在 40 多年的雕刻生涯中，自觉的艺术追求、强大的胆识和魄力及痛苦的与癌症斗争经历，最终成就了这位非凡的艺术大师。

中西合璧 天马行空

黄泉福大师倾其一生的心力，灌注于雕刻艺术，令文化界深深折服。原国家文物局局长、故宫博物院院长吕济民誉之为"国艺至尊"，著名雕塑家钱绍武也给予黄泉福"中国木雕第一人"的极高赞誉。

2010 年 8 月，中央电视台《人物》栏目对黄泉福大师进行专题报道，概括其艺术特点："黄泉福是用心在创作的艺术家，他的作品蕴涵着一种透彻的悟性和浓郁的艺术感染力，他总能以富于个性的雕塑语言，去抒写和刻画心中之物，天马行空地表达内心的激情和愿望。"

黄泉福的作品集传统工艺与现代审美于一体，既有传统工艺的精湛技艺，又有现代艺术的审美品位。虽技法取自民间，但又能把民间艺术家惯用的直接表达手段改革得婉约曲折，整个作品显得和婉、儒雅、端庄、美丽，

■ 单刀赴会

注重人物衣褶的妥帖、自然、流畅、优美，无论衣褶宽松或裹挟，始终保持传统的转折关系，与人物和谐呼应，有力地烘托主体，突出作品的神韵。

业界认为，黄泉福的木雕作品得西方解剖学之精髓。清华大学美术学院博士生导师李砚祖教授评价说："他不仅熟悉传统木雕工艺的各种表现形式和技艺手法，更是在现代审美和现代设计的品位上下足了工夫。"

中国艺术研究院博士生导师韩美林以"天马行空"高度评价黄泉福木雕的强烈个人风格和精湛艺术。对观者而言，黄泉福的艺术作品展现出敏捷的思路、深刻的人生感悟、游刃有余的刀法以及宏大的气魄。尤令人称道的是，作品中蕴涵着深刻的哲学悟性和感染人的精神力量，给人祥和的艺术感受。

弥勒文化的演绎——简单与触感

黄泉福的作品以宗教题材为主，无论佛陀、观音、弥勒、罗汉，既有师长和智者的亲切，又保留了超凡脱俗、如是自在的气质。还有一类作品以英雄题材为主，如《单刀赴会》《岳飞》《郑成功》等人物雕像，刚直威武、大义凛然，尽显英雄本色。

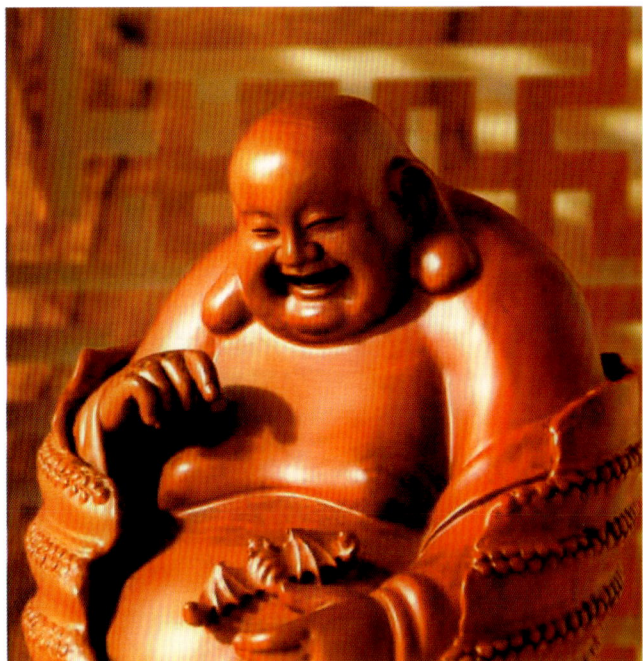

■ 祝 福

《皆大欢喜》弥勒佛系列是黄泉福具有里程碑意义的代表作。弥勒佛在中国文化中常以憨态可掬的布袋和尚形象出现，一副袒胸露腹、心胸宽阔、喜笑颜开、善良达观的模样。要在传统的基础上创新，要葆有传统人物的精神气质，还要提炼出超凡脱俗、逍遥自在的人物形象。面对这个难题，黄泉福经过反复思考，将弥勒佛与传统"和"文化紧密融合，定位为"弥勒文化"。

黄泉福的弥勒木雕具有永恒的艺术美，扩大了接受群体，让每个人都能感受到"和"文化的穿透力。为了完美演绎心中的弥勒佛，黄泉福大胆采用现代的雕刻技法处理这种传统题材，以"简单"为作品的核心。他认为："从艺术上说，简单的东西，它的制作工艺并不简单。对作品的外形、表现方式，甚至雕刻手法、佛像体型都有严格的要求。"

在扩大艺术品的接受群体方面，黄泉福的目标是："做出来的东西肯定要让人家喜欢，让小孩喜欢，也要让普通的老百姓喜欢，也要让那些专业人士喜欢。"为此，他创作出一系列调动感官的佛像，"触摸是体现对这种作品的感受，体现它的美。创作者也既能观赏也能触摸，小孩也能碰。"

为了让弥勒的形象更有亲和力，黄泉福强调了形体起伏转折间处理的圆润，特别重视弥勒身上袍衫的处理，在质感表现上，追求与弥勒面部肌肤的合一。或简化造型，突出圆的空间和体积；或强调纹路和肌理，寻找两相对应的情趣。他尝试设计出不同的弥勒造型，在袍衫质地与肌肤对比方面反复探讨，创作出一批线形、材质、体态、表情、寓意各不相同的弥勒系列造像。

在"简单"与"触感"的共同作用下，黄泉福创作出 38 尊弥勒佛造像，没有繁琐的细节刻画，整个作品造型简单，线条流畅，设计巧妙，雕工精细。尤其是弥勒佛的笑容，让观者能感受到弥勒佛的快乐。黄泉福的弥勒佛木雕作品最终转型成功，"弥勒文化"受到海内外艺术市场的高度追捧。

木雕收藏拍卖之星

近年来，黄泉福的艺术作品在业界和市场都备受推崇和追捧。在木雕的拍卖史上，黄泉福屡屡创造高价记录。

2011 年，非洲黑檀木作品《清莲观音》在一场慈善拍卖会上拍出 120 万元的高价。未能竞拍成功的国际巨星成龙随后找到黄泉福，请求收藏第二件《清莲观音》。

在第一届中国（惠安）国际雕刻艺术品博览会中，汉白玉《祥云观音》在工艺大师艺术精品拍卖会上成为关注焦点，以 480 万元落槌。2007 年，在首

届惠安雕艺精品拍卖会上，汉白玉作品《皆大欢喜》得到藏家的追捧，拍得619万元的最高价。

黄泉福最为骄傲的作品是陈列于北京钓鱼台万柳堂的《王子钓鱼图》。作品结合钓鱼台的美丽传说和现实场景，叙述了国富民强的宏大主题。作品历时一年雕刻而成，被国家文物局评定为一级文物。2005年，国家钓鱼台国宾馆特设"泉福艺术馆"，专供各国元首参观欣赏，成为向世界展示民族艺术文化的重要窗口，得到多国元首贵宾高度赞赏，其多种系列作品定为国宾礼品。

在"泉福艺术馆"的推动下，黄泉福先后培育了500多位优秀人才，充分发挥中国工艺美术大师的催化效应，带动惠安木雕艺术在全国范围内的传承与发展，推动惠安木雕产业的升级。1994年，黄泉福创办九龙工艺美术有限公司，产品远销港台地区和东南亚，出口创汇连续多年居福建省内同行之首。目前，木雕产业已成为惠安县的主要经济增长点，为泉州这座"东亚文化之都"增光添彩。

■ 自在笑佛

在中国工艺美术史上，木雕艺术渊源长久，熠熠生辉，无数艺术家为之奉献终身。黄泉福数十年磨一剑，凭着艺术的直感和悟性，用生命的激情和沉淀，创造出属于中国木雕界的艺术精品，带领惠安木雕产业的繁荣发展，创造出属于中国木雕界的传奇。

第六届中国工艺美术大师

李凤荣

1963年生于福建省莆田市。高级工艺美术师，中国工艺美术大师，中国木雕艺术大师，国际民间工艺美术大师，中国收藏家喜爱的木雕大师，福建省非物质文化遗产"莆田传统木雕技艺"代表性传承人。福建省沉香协会会长，中国共产党第十八次全国代表大会代表。

艺术生涯

2001年，作品《渡世三十三观音》《荷叶观音》均获中国国家级工艺美术大师精品博览会金奖。

2002年，《八仙聚会》《持莲观音》获杭州国际民间手工艺品展览会金奖。

2005年，《天道酬勤》获福建省工艺美术精品"争艳杯"大赛金奖。

2006年，《桑榆故里》获中国民间工艺品博览会金奖。《盛世春光》获中国（莆田）海峡工艺品博览会金奖。

2009年，《瑶池集庆》获首届福建版权创意精品展金奖、中国工艺美术"百花奖"金奖。《十六弥勒》获全国文化纪念品博览会金奖。《寿星》获中国礼仪休闲用品设计大赛"华礼奖"商务礼品类金奖。

2010年，《惠安女》获上海世博会中华艺术·国家大师珍品系列荟展中华木雕精品展特别金奖。《和谐》获中国工艺美术"百花奖"金奖。

2011年，《山居福祉》获中国工艺美术"百花奖"金奖。

2012年，《十八罗汉朝圣》获中国（莆田）海峡工艺品博览会金奖。《花开盛世》获中国工艺美术"百花奖"金奖。

艺术概况

在当代木雕界，李凤荣堪称沉檀艺术的名手巨擘。"沉檀龙麝"自古为四大名香，而沉香位列众香之首，香品高雅，千金难寻，素有"一片万金"之称。综观李凤荣大师治木，风清而体约，情深而韵长，以精工极尽沉香风韵，以神思沟通古今四宇，当之无愧传世珍品。

沉檀珍品 庄严高贵

早在本世纪初，日本《宗像新闻》就认定"莆田是中国木雕佛像的制造中心"。新中国成立后，在第一代领航者方文桃、佘国平、闵国霖为首的雕刻队伍带领下，莆田木雕荣誉遍及新马泰、日本，声名盛于台港澳和闽粤川等地的寺院。沿着前辈开疆拓土的功业，李凤荣专注于沉香、檀香精品的创作，立足于收藏市场，为莆田木雕的继往开来作出贡献。

李凤荣的作品分三类，分别为宗教题材、民间吉祥题材和浪漫神话题材，以宗教题材为强项。此类佛像作品以人物造型为主，以精雕细刻凸显刀法的娴熟，以宗教故事和素材表现作品承载的文化内涵，以极品沉香木和檀香木增益佛造像的庄严、神秘和高贵。

李凤荣偏爱沉香雕刻佛圣，他认为成功的作品表达一个情境，佛与人的交流，能在这个情境中跨越空间与时间，沟通当下、过去与未来。通过作品的静

■ 渡世三十三观音

木雕 中国工艺美术大师 李凤荣

119

表现情感世界的动，能有效传达艺术的永恒之美，这种静用沉香来表达愈显不凡。

由于沉香所经历的环境不同，其皮层显现出的形貌也互不相同。李凤荣在雕刻过程中注重充分利用沉香的块状衍生物，根据其个性和特征，根据不同特殊纹理和形貌特点进行构思与创造。此类作品多使用"钻、锯、雕、镂"等技法，讲究透雕和镂空雕技法的"通、透、空、灵"，线条柔美，精致典雅，如烟似幻。

界画是李凤荣沉檀技法的绝佳体现。界画特指用界笔、直尺划线的技法，主要描绘宫室、楼台、屋宇等，因在作画时使用界尺引线，故名界画，亦作"界划"，即划分界线。李凤荣将界画技法用于木雕创作，保证"薄、飘、透、空"的艺术效果。作品精工严整，严丝合缝，楼台错落有致，人物形态各异，整体结构浑然一体，有鬼神不测之技。

近些年，随着经济的发展，木雕工艺已不仅仅局限于寺庙的佛像雕塑及宗教人物的题材刻画，更注重木雕艺术品的鉴赏与收藏。极品沉香、檀香木、紫檀木等珍贵木材的采用，为李凤荣带来源源不断的创作灵感。于是，李凤荣创作出《富贵连绵》《春颂祥和》《桑榆故里》等一系列新题材艺术品。这些艺术品融圆雕、浮雕和透雕诸多技法于一体，在业界享有盛誉。

莆田木雕业的继往开来者

莆田是全球最大的沉香、檀香集散地，不仅材质优良，而且拥有众多精工巧匠。在享誉世界的莆田木雕业，李凤荣是八闽中国工艺美术大师中专注沉香、

瑶池集庆

檀香木雕精品的工艺大家，在传统技法、风格中植入自己的审美理想，在中国木雕艺术上独树一帜。

李凤荣出生于莆田木雕世家，祖父黄亚贤是有名的雕刻能手，专事梁柱门窗的花鸟雕刻。父亲李农民曾是莆田工艺一厂"象牙组"首席修光师，尤擅"修光"和"开脸"。李凤荣说："在父亲长期的言传身教之下，我终于掌握了修光尤其是修面技艺，成为目前莆田木雕界为数甚少，能独立完成斧坯、凿坯和修光全过程的全能木雕创作者。"

凭着精湛的技艺，不懈的努力和对艺术精进的态度，李凤荣在创作媒介、技法和题材等方面对莆田木雕进行持续的拓展与创新，拓宽莆田木雕业的鉴赏与收藏市场。他认为："本人成功闯出的木雕艺术品之路可谓创新的泛木雕之路，亦可谓莆田泛雕塑特色生态圈中的一树新果。"

深感于莆田木雕的悠久历史，李凤荣曾就莆田木雕的传承与发展提出"莆田泛雕塑"这一概念。他认为："'莆田泛雕塑'可以理解为广泛意义的莆田传统雕塑艺术与现代雕

■ 九龙观音

塑艺术，也可以诠释为对富有闽南地域特色的立体雕塑造型艺术的传统继承、本质保留和对其创作材料、技法和对象的可持续开拓与发展。"

在老一辈优秀木雕艺术大师的熏陶下，李凤荣将木雕的艺术、设计与技法融为一体，于传统中寻求突破与创新。为扩大"莆田泛雕塑"在中国木雕界的影响力，李凤荣先后培训了400多位年轻的技术骨干，为木雕行业再创辉煌。鉴于其对业界的杰出贡献，李凤荣当选为福建省沉香协会会长。台湾星云大师赠予"善艺"法名，谓之"善人之艺，善艺之人"。2012年，李凤荣当选为中国共产党第十八次全国代表大会代表。

在沉香与檀香构成的木雕艺术世界里，李凤荣以刀代笔，在高贵的艺术世界留下心灵舞蹈的痕迹，笔随意走，无往不至，令世间沉香檀香爱好者深深折服。深耕木雕数十载，李凤荣以卓越的专业水平和优秀的行业经验，执沉香雕刻艺术之牛耳，带动莆田沉香产业跃居东南亚沉香业之首，为中国木雕史写下辉煌的一笔。

艺术传承

李　清－李凤荣之女。1984年生，1999年进修于厦门工艺美术学校美术专业，擅长佛像雕塑。工艺美术师，福建省民间艺术家，福建省青年民间工艺能手。

李　洪－李凤荣之子。1987年生，擅长景物雕刻。工艺美术师，福建省沉香协会常务理事，莆田市工艺美术协会常务副会长。现任莆田市善艺李氏工艺有限公司总经理。

第一届中国工艺美术大师

林廷群

　　1919 年生于福建省福州市，1980 年逝世。中国工艺美术大师，福州市漆器研究所副所长，第五届全国人大代表，福建省第五届人大常务委员，福建省第一届工艺美术学会副理事长。

艺术生涯

1954 年，作品《十种图案瓶》《南瓜盒》参加德国莱比锡国际博览会并获奖。

1956 年，《脱胎瓜式盒》获福建省民间美术工艺品展二等奖。

1959 年，《毛泽东全身像》受邀出席北京全国群英会。

1962 年，《毛泽东全身像》于福州第二脱胎漆器厂，获全国人大副委员长郭沫若题诗留念。

1976 年，《彩色大莲瓶》《古铜色大观音》被评为全省工艺美术优秀作品。

1978 年，《脱胎瓜式九件茶具》（与毛厚端合作）获福建省艺代会观摩评比优秀作品奖。

1978 年，《薛涛谱笺》（与毛厚端合作牙雕作品）获福建省艺代会观摩评比优秀作品奖。

　　个人传略入编《中国当代文化艺术名人大辞典》。

艺术概况

　　林廷群是我国第一届中国工艺美术大师中唯一以脱胎漆艺脱颖而出者。他的作品具有传统脱胎漆器胎骨轻薄、质地坚固，造型精美、品类繁多，色泽艳丽、光亮如镜的特点，尤以"夹纻脱胎"为特色。作品《南瓜盒》《八果盘》《脱胎古铜色观音》等最具代表性，在国内外享有很高的声誉。他在脱胎技法、髹饰技法等方面的创新为新中国时期福州漆艺的发展作出巨大贡献。

首创干模脱胎新技法

　　1933 年，14 岁的林廷群师从福州传统脱胎漆器鼻祖沈绍安第五代传人沈正镐，到沈氏漆艺店学习漆艺。沈氏漆艺从创始人沈绍安起，历经清朝、民国和新中国三大历史时期，有 200 多年历史，沈家漆业世代相传，创造了福州脱胎漆器的辉煌，蜚声海内外。沈氏家族为福州乃至中国近现代漆艺领域培养了一大批优秀的人才与继承者，对福州漆器业的发展作出了巨大的贡献。

　　1939 年，出师后的林廷群开始在家习艺，1954 年成为西湖脱胎漆器研究小组成员，制作"脱胎漆盒""十种图案瓶"等作品参加德国莱比锡国际博览会并获奖，崭露头角。1955 年，

■ 寿桃盒

■ 蝙蝠盒

林廷群进入福州第二脱胎漆器厂当技工，在厂期间，他善于研究，工艺上多有创新。据《福州市志》记载："他采用阴阳模型两用破片干脱、干磨等新工艺，制作《莲花大盘》等二十多种新产品。"极大地丰富了脱胎漆器的种类与产量。

干模脱胎的专业术语为"阳脱"，简单来说，即不用浸入水中而直接用物理方法（敲击）将其内模除去。林廷群尤其擅长脱胎技法及地底工艺，他设计制作的各类漆盒作品，如《蝙蝠盒》《寿桃盒》等，非常精准，扣合严密，无论从哪个角度扣合，均完美无隙。

以《蝙蝠盒》为例，子母口口沿部位的线条纹饰均左右对称，盖与器身上的线条流畅相接，完美无瑕。这无不得益于他对脱模方法的掌握与扎实的地底工艺。"蝙蝠"与"寿桃"的选题也体现了林廷群对传统文化的谙熟与喜爱，寓意"福""寿"双全的福寿盒是人们喜闻乐见的生活用品。

此外，林廷群的脱胎漆器作品具有很好的稳定性，长久不会变形。代表作《八角南瓜盒》，上下脚齐平，八个角始终保持平衡，无论哪个角度都能扣上，合缝严实，经久不变。

除了谙熟脱模技法，他还首创了脱胎内部布骨架新工艺，再一次减轻作品的重量，使大型漆艺作品的创作成为可能。例如，制作三米高的《毛泽东全身像》，轰动一时。

■ 八角南瓜盒（素坯）

作为老一辈漆艺巨擘，林廷群的作品古朴、细致，有口皆碑，每一道工序都达到了最高标准。正如其子林观晃说："现在基本没有人能够继续完成父亲的这些遗作，无论是工艺还是材料，都没法达到当年的水平，所以，就先将这些素坯好好地保存着吧。"

晕金与台花的装饰手法

在装饰技法方面，脱胎漆器的传统装饰技法有黑推光、色推光、薄料漆，还有彩漆晕金、锦纹、朱漆描金、台花、嵌螺钿等。林廷群擅长运用晕金与台花的装饰手法，作品制作精细，造型美观，光泽鉴人。

代表作《南瓜盒》即采用朱地晕金技法，晕金均匀细腻，层次感恰到好处，惹人喜爱。脱胎果盒形美丰满，质轻工巧，特别是上下八瓜瓣，瓣瓣吻合，制作精良。作品数次参加莱比锡国际博览会并获奖，被誉为"不可多得的东方特产"。

晕金，也叫平莳绘工艺，此法是在纸上描绘好纹样后反贴于漆面上，再用漆临摹图案，趁漆未干时撒上金粉，待干燥后在纹样部分上漆、打磨。"莳"即为洒之意，利用细粉洒在七八成干的漆面上营造画面的立体感，所以，洒金、晕金粉的功力非常重要，要视画面的需要决定洒粉所要采用的色粉及位置。

■ 八角南瓜盒

台花，也叫嵌锡贴花，1930年由著名漆艺大师李芝卿研制。是将金属加工成一定厚度的薄片贴在漆器上，经过雕刻加工，刻出各种花纹图案，盖上漆，打磨出金属纹样并磨到漆面一样平滑，再经推光、揩净，明亮悦目，十分好看。历史上这种装饰常使用真金、真银，多与绘画装饰结合在一起，如汉代的"金银箔片镶嵌"及唐代的"金银平脱"。后来此法从官方作坊流传到民间，民间以锡代替金银将其继承到现在。

林廷群的漆艺作品具有典型的地方特色和民族风格，将福州脱胎漆器的脱胎技法演绎得淋漓尽致，其晕金与台花的装饰手法赢得海内外藏家对脱胎漆器的认可。以林廷群为首创制的干模脱胎技法影响了整个脱胎漆器行业的发展，极大地推进了脱胎漆器的制作技法革新，扩大了产量，促进了福州脱胎漆器的发展。

福州传统脱胎漆器的辉煌历史，凝结着几代漆艺人的心血与智慧，无论是早年的沈氏家族，还是后期的李芝卿、高秀泉、林廷群、陈端钿等造诣精深的漆艺大师，都为福州脱胎漆器的发展作出巨大贡献。正是几代漆艺人的不断继承与勇于创新，才成就了福州脱胎漆器，使其与北京景泰蓝、景德镇瓷器并誉为中国传统工艺领域的三宝、三绝。

艺术传承

林观晃－林廷群之子。1957年生，擅长制作脱胎南瓜盒。现为福州隆发工艺
　　　有限公司总经理。

第二届中国工艺美术大师

陈端钿

1914 年生于福建省福州市，1998 年逝世。高级工艺美术师，中国工艺美术大师，福州市工艺美术特级名艺人，福州第二脱胎漆器厂研究所所长。

艺术生涯

1954 年，与漆画大师高秀泉合作生产一批漆器茶盘、台彩漆器图案瓶，参加国外展览会，作品照片刊登在《福建日报》上。

1956 年，作品《台彩金龙图案盘》《锦盘》《大花瓶》《小圆桌》等参加民主德国工艺美术品展览会；同时制作一批烟具、酒具、套盘、套盒，参加巴黎国际博览会（产品照片刊登在《福建工艺美术》上）。

1956 年，《嵌丝填彩双凤牡丹花瓶》陈设于北京人民大会堂宴会厅。

1962 年，《台填战国图案立盘》获福建省优秀产品展览会优秀作品奖。

1979 年，《紫退雕填牡丹图案花瓶》被天津博物馆收藏。

1981 年，《紫退雕填漆竹雀瓶》（与郑增勋合作）参加北京团城"福州工艺品展览会"，获创新设计奖。

1983 年，《脱胎大花瓶》（两对），其中一对陈列于上海工艺品展销会，获国内外来宾好评。

1986 年，《紫退雕填青牡丹花闪光瓶》（一对），长期陈列于北京人民大会堂福建厅。

1990 年，《雕填图案扁瓶》获福建省工艺美术精品"争艳杯"一等奖。

艺术概况

陈端钿大师以擅长台花台彩技法（亦称掐丝填彩）著称于老一辈脱胎漆器界。他技艺超群，作品刻绘精细、手法自然，造型典雅别致，漆面光泽圆润，色泽瑰丽鲜艳，画面繁缛华丽，具有深厚的传统漆器制作功底。在 50 多年的从艺生涯中，创作了无数精巧细腻、引人入胜的作品，被国内外博物馆、艺术家、收藏家广泛收藏。他的作品亦成为福州脱胎漆器的典范，郭沫若生前曾作诗称赞福州脱胎漆器"天下谅无双，人间疑独绝"。

台花台彩器斑斓

陈端钿以台花台彩工艺见长。16 岁从艺，后师从福州著名漆器艺术家李芝卿学习传统漆艺，专攻脱胎漆器台花台彩技法。1931 年毕业于福建惠儿院工读学校漆器科，1956 年进入福州沈绍安"兰记"脱胎漆器公司工作，与李芝卿共同参加福州市特艺局设计室工作，随后供职于福州第二脱胎漆器厂。中国现代漆画奠基人乔十光早年到福州学习漆艺时，曾受陈端钿的指导。

扎实的童子功，奠定了陈端钿在这一领域技胜他人的坚实

■ 蝶花方盒

基础。1930 年，其师李芝卿重拾"台花"技法，从此极大地丰富了福州漆艺的装饰技法。在李老的直接指导下，加上自身的勤奋、聪颖，陈端钿掌握了脱胎漆器制作的全部工序,无论是地底、调色、髹漆，还是表面装饰，各项工序都很精通。他不但精通漆器的基础知识，还能精心设计各种装饰画稿，熟练地掌握各种调配方法，既懂理论，又会制作，是漆艺界少有的全才。为了提高福州脱胎漆器的技术水平，陈端钿结合自己的爱好，专攻脱胎漆器台花台彩技法，成就了其漆器装饰上的独特风格。

在李芝卿老师的基础上，陈端钿进一步完善发展了填彩、雕填工艺，在继承传统技法的基础上，不断进行技术革新，大胆地开发高端、精细、大气的产品装饰手法，还采用螺钿、蛋壳等材料和赤宝砂、暗花等技法，把嵌丝填彩和新材料、新技法巧妙地结合起来。1958 年，陈端钿首创脱骨填彩与脱骨填金、填银技法，极大地丰富了脱胎漆器的制作技法。"脱骨填彩"是将锡片贴在

■ 牡丹大对瓶

胎体上，镂刻花纹，揭除多余锡片，全面髹涂面漆，干燥后，揭起锡片花纹，漆面便出现凹陷纹样，然后填彩漆，磨平，推光。若填以金、银箔，则称为"脱骨填金""脱骨填银"。

台花工艺要求艺人具有灵巧的手上功夫，而这功夫的掌握，是需要长期悉心磨练的。一条纤细的铜丝，手指微微转动几下之后，瞬间便化作朵朵金花、只只小鸟，以至湖光水色，让人无不赞叹、称奇。

陈端钿的作品多采用我国民间喜爱的牡丹、龙凤、蝴蝶等吉祥图案，线条流畅有力，构图丰满严谨，做工精细。巧用金、银、螺钿以及透明漆，使作品华贵、纤秀，独成风格，深受人们喜爱。例如作品《雕填图案纹瓶》《脱胎祥云瑞兽纹瓶》，轻快明丽，精巧绝伦。

陈端钿擅长以牡丹为题材，代表作品多用牡丹来表现。牡丹，具有圆满、富贵、繁荣的美好寓意，象征着国家的兴旺昌盛。作品《牡丹雕填脱胎大花瓶》，瓶高三米，作品古朴大方，质地轻巧坚实，做工精致，造型优美，图案连枝相扣，生动流畅，布局丰满。制作上运用刻花技法，巧用螺钿镶嵌纹样，并利用透明漆、金、银等材料使大花瓶闪光发亮，层次丰富，耐人寻味，给人以无比美感。瓶座采用浮雕狮头更显端庄、富贵，使整个大花瓶显得格外雄伟华丽。该花瓶只制作一对，独一无二，是福州脱胎漆器大花瓶中的极品，充分展示了炉火纯青的掐丝填彩技法。

传技授艺 鞠躬尽瘁

陈端钿不仅在个人的漆艺创作上取得突出成就，还无私、耐心热情地传授技术，为国家培养漆艺人才作出贡献。在第二脱胎漆器厂担任创新组长期间，陈端钿密切配合老艺人和创新设计人员，共同研究漆艺，不断革新新技术、新产品。如采用丝绢印花工艺，成批画稿复印、平面弧形刻花工艺、雕填刷胶工艺等，既保证了产品质量，又提高了工效。在产品设计上，根据不同的消费对象，按成本价格进行设计，如中档产品的瓶、盆、盒、罐类，美观与实用并举，深受消费者欢迎。高档产品则重于艺术，讲求装饰，精工细作，别具一格。

陈端钿不仅在第二脱胎漆器厂、漆艺行业培养了许多学徒工人和设计人员，推广台花台彩技法，还为全国各地培养了不少漆艺人才。1956年，四川美专查文生来厂向他学艺。1959年，中央工艺美术学校乔十光、李鸿印专程来福州二厂学习漆艺，向他取经。1977年，广东人民艺术学院卓德辉也来学习过。此外，国内同行业，如甘肃天水、四川、重庆、贵州大方、常州等地漆器厂工人不下数十人也都受教于门下。陈端钿大师以一己之力推动了祖国漆器事业的发展，在福州漆器史上乃至中国漆艺发展史上取得了不可磨灭的功绩，为后人留下宝贵的文化遗产。

■ 脱胎祥云瑞兽纹瓶

■ 雕填图案纹瓶

第二届中国工艺美术大师

王维韫

1921 年生于福建省福州市，2005 年逝世。高级工艺美术师，中国工艺美术大师，福州市特级名艺人，福州市工艺美术学会副理事长，全国第六、七届人大代表。

艺术生涯

1939 年，于江西手工业实验所创作出大型古铜色浮雕作品《世界伟人像》《烽火中苦难的中国》等漆画，运往旧金山、芝加哥等地展出，激励在美华人的爱国热情。

1956 年，《和合仙》《仿古铜对狮》获全国工艺美术展览会优秀艺术创作奖。

1957 年，创作八尺二高脱胎漆器浮雕《东方巨龙瓶》《和平颂大瓶》。

1962 年，《和合仙》《对狮》《碧玉花庄》（均与陈炎生合作）获福建省优秀产品展览会优秀作品奖。

1977 年，《张衡》获福建省工艺美术展览会优秀作品奖。

1986 年，《白菜瓶》《三桃盘》《掐丝长颈花瓶》获中国工艺美术品"百花奖"金杯奖。

1989 年，《荷叶瓶》《菊花盒》《牡丹瓶》等作品被中国工艺美术珍品馆收藏，《荷叶瓶》照片被《中国工艺美术珍品馆馆藏珍品》一书收录。

1990 年，为武夷山市朱熹纪念馆塑造 2.8 米高脱胎漆器古铜色《朱熹坐像》。

1991 年，《菊花脱胎盒》获福州市工艺美术"如意奖"特等奖。

2005 年，《牡丹大圆盘》获福建省工艺美术精品"争艳杯"金奖。

曾任《中国现代美术全集·漆器》（1998 年 11 月，河北美术出版社）编委。

艺术概况

福州脱胎漆器可谓福建传统工艺界的一尊王冠，王维韫大师则是这王冠上的一颗耀眼明珠。他师出名门，为福州脱胎漆器鼻祖沈绍安之第六代传人沈德铭的关门弟子，尽得沈氏技艺之精华，将沈家漆艺发挥得淋漓尽致。代表作品有《九狮鼎炉》《荷叶瓶》《牡丹大圆盒》等。

师从名家 继承传统

因家境贫寒，年仅 12 岁的王维韫便走出家门，学习漆艺。幸运的是，他灵心慧性，通过慧母（师傅的母亲）的考核，在沈德铭的悉心教导与栽培下继承了沈氏脱胎漆器的全部技法。

沈家传统脱胎漆器技艺独特，有"关键技艺传男不传女、传长不传次、传内不传外"的严格家规。沈德铭却开明大度、高瞻远瞩，他打破家规，把沈家所有技艺毫无保留地传授给爱徒王维韫。由于王维韫是沈家所收艺徒当中年龄最小又是最后一位艺徒，所以他成为沈氏传统漆艺的闭门弟子，尽得沈氏漆艺之精华。因此，王维韫的作品带有浓厚的沈氏遗风，造型别致，轻巧耐用，色彩丰富。

为北京人民大会堂福

■ 九狮鼎炉

建厅创作的《九狮鼎炉》是集工艺性、技术性及艺术性于一体的艺术珍品。外层主体为一对舞狮带着小狮子欢快地嬉戏彩球于祥云之中，内置朱红色圆球，前后对称；盖顶狮子自在地嬉耍彩球，双耳后面狮口含圆环，三只雄健有力的狮头立于祥云之上。整件作品共九只狮子，通体髹饰真金，祥云底座厚料晕金，富丽堂皇。而"九""狮""鼎"在中国传统文化中具有至尊、雄武、昌盛的寓意，深受人们喜爱。

另一件值得称颂的作品是脱胎《荷叶瓶》。"荷叶瓶"是福州传统脱胎漆器的代表作，最早为沈正镐佳作，曾参加莱比锡国际博览会并获金牌奖。王维韫多次带领学徒和子女用不同制作技法创作"荷叶瓶"，使其掌握和领悟沈氏脱胎漆器的艺术内涵与魅力。"荷叶瓶"最典型的装饰手法就是以金、银箔研磨成粉后调入色漆制作而成。此件《荷叶瓶》瓶身用厚料晕金，荷花部分则用薄料弹染，整件作品层次分明、色彩鲜艳而稳重，拥有特殊的金属光泽。一大片"荷叶"卷成瓶身，红荷绿叶围绕底座，构思新颖、造型别致，表现力极强，用其独特的工艺和造型诠释了漆的沉稳和形的灵动。

■ 荷叶瓶

青年才俊 创新创艺

无论是早年赴江西手工业实验所创作"峰火中苦难的中国"系列浮雕作品，还是解放后在福建省文化局修复沈正镐之遗作，到后来在福州第一脱胎漆器厂任职，王维韫总是众人中最年轻有为的一位。他总是以自己的实力征服每一位质疑者的眼光，赢得荣誉与赞赏。

1958年，王维韫受医用石膏模型的启发，经多次试验、试用，大胆改革传统漆器生产工艺的流程，应用阴脱法实现一模多用，改变了制作工艺流程，极大地增加了脱胎漆器的产量，为福州脱胎漆器的发展作出了自己的贡献。

王维韫创作有象征国家繁荣昌盛的巨型作品《东方巨龙瓶》，作为国宾礼的《李时珍和李果珍》，为西湖宾馆和海南宾馆分别创作出《天女散花》，为朱熹纪念馆创作出《朱熹坐像》等脍炙人口的作品，创造了巨大的社会效益，为福州脱胎漆器在海内外赢得声誉。

寄情漆艺 铸就辉煌

虽然脱胎漆器制作繁复，每件作品都要需要几十道工序，但王维韫总是保持沉稳的创作心态，长期以来，毫无保留地把这些技艺传授给学徒们，以求培养更多脱胎漆器制作能手和骨干，将这门技艺发扬光大、永久传承。

■ 牡丹大圆盒

《牡丹大圆盒》便是王维韫与其子共同完成的又一件脍炙人口的作品。盒面由 21 朵牡丹花构成，每朵牡丹花用蛋壳镶嵌；花心、花蕊分别用螺钿和黄色漆粉堆漆；叶子和枝干用绿色等漆粉堆漆，然后贴金、银、箔并罩以透明漆，待干透后经磨显，产生具有"赤宝砂"效果的层次感与立体感，极具艺术性。

作品一打开，跃入眼帘的是一朵栩栩如生的大牡丹，薄料弹染与晕金的技法，使之与盒盖的鲜亮明艳形成强烈对比，又相得益彰。牡丹盒再配以如意雕花镂空底座，相互衬托，使整件作品大气饱满、晶莹透亮，给人以一种"酒不醉人人自醉"的艺术享受。

"榕城古艺如花放，喜见推陈又出新。缘是东风无限好，争妍吐艳为人民。"这是在 1986 年纪念沈绍安诞辰 200 周年前后，沈元（沈德铭之子，时任北京航空航天大学校长，科学院学部委员，全国政协委员）回福州为王维韫所题，虽然沈元从事航空科研工作，未延续沈家漆器制作技艺，但他时刻心系福州脱胎漆器发展，关心着传统漆艺的未来。他们，一位是沈绍安后裔，著名空气动力学专家，一位是沈家培养出来的爱徒，兄弟俩通过各自的努力，同时分别当选全国政协委员和全国人大代表，共同为国家建设建言献策、参政议政，成为行业佳话。

著名书法家、篆刻家周哲文与王维韫是一生挚友，篆刻作品"漆艺人生""传承传统漆艺文化"，书法作品"梅花香自苦寒来、宝刀锋从磨砺出"是周老先生赠予王维韫大师的激励之词。王维韫一生与漆为伴，无论风云如何变幻，他始终沉浸在漆艺创作的世界里。无论是学艺之初在店里当学徒，还是功成名就后倍受世人青睐与尊崇，他始终保持低调、沉稳的创作心态，沉浸在漆艺的创作世界中，用实践与辛劳传承着传统漆艺文化，传承着中华古老文明。

艺术传承

王　旭 - 王维韫之子。1964 年生，擅长传统与现代题材脱胎漆器制作。工艺美术师，福建省漆艺大师，福建省工艺美术名人，福建省民间艺术家，福州漆艺研究会会员。

第三届中国工艺美术大师

王和举

1936 年生于四川省成都市。中国工艺美术大师，中国美术家协会会员，福建省工艺美术研究院高级工艺美术师，福建省漆艺文化研究会顾问，闽江学院客座教授。

艺术生涯

1964 年，漆画《盐场》《渔岛风光》参加第四届全国美展，《盐场》由中国美术馆收藏。

1979-1980 年，《九歌山鬼》《鼓浪屿》参加在北京、四川举办的福建漆画展。

1984 年，《鼓浪屿》获第六届全国美展铜奖，被中国美术馆收藏。

1986 年，《老子出关》参加中国漆画展和福建省漆画展，获优秀作品奖。

1989 年，《老子出关》获第七届全国美展铜奖，被中国美术馆收藏。

1998 年，《九歌·山鬼》《火烧赤壁》等四幅作品载入《中国现代美术全集·漆画卷》（人民美术出版社），《火烧赤壁》为此书封面。

漆画《九歌》《兵车行》等作品现藏于福建省美术馆。

《漆器源流概述》《中国现代漆画》等论文发表于海外华文报刊。

艺术概况

漆是一门学问，它承载着深厚的古文明

对于漆画的产生，王和举说："如果没有漆器，漆画是不可能产生的。漆器延续了几千年，技法、材料的积淀是非常深厚的。上世纪 60 年代越南漆画的出现，对中国漆画产生了推动，中国也发展了漆画。当然如果没有漆艺的传承，没有当时的福州这个漆艺重镇，也是难以推动起来的。但是我们做事情经常都是一窝蜂，现在一搞平面漆画，很多人一窝蜂上，漆器又没有人搞了，平面漆画不足以涵盖漆艺术的全部。单以漆膜表面的光泽而言，平面、立体就大不一样，所以漆器也应该有人做。漆的纯艺术作品也不要局限在平面上，汪天亮的作品就有许多立体造型。"

随着漆画的发展，出现一些效果欠佳的漆画。有媒体问道，这是否因为作者对漆未能熟练掌握所致。王和举说："用漆的熟练程度不够固然也是原因，

■ 山鬼

漆 艺

中国工艺美术大师 王和举

但这个原因尚在浅层。关键是要把漆画的基本观念弄明白，要知道画坛上的各种画种，莫不因材料不同而产生不同的技法，然后呈现不同的艺术面貌，从而彰显各自的材质之美和画家驾驭材质、表达思想、施展技巧的魅力。所以，各画种都个性不同，不可替代。若某画的效果可用其他画种的方式产生，某画也就丧失了存在的价值。反观漆画，它的材质之美本身就独特之至——那么辉煌、那么古朴、那么含蓄又那么多彩，透露着莫可名状的历史感和神秘感。什么叫'历史感'和'神秘感'？我认为就是一种与现实世界有点距离的感觉，即所谓'距离产生美感'。而漆独特的材料加上金、银等等，表现这种感觉有着无限的可能性和施展空间。现代漆画自60年代在中国出现以来，经典之作无不具备此特点。在今天，漆画家队伍无疑是扩张了，庞大了。但认识到漆画的'不可替代'性者，也只有少数。多数的'漆画'，最多只做到了'用漆来画'，但就其审美追求和实际效果而言，都是可以用'非漆'代替的。甚至用'非漆'，如水彩等画出来效果可能还更好，而且省力、省钱、省时。辛辛苦苦地干着这种不智之事，就是他们的漆画效果不好的深层原因。"

老子出关

谈到他的代表作漆画《九歌》，王和举说："艺术创作各人有各人的看重之点。我搞创作，看重意境，我觉得它的有、无、深、浅都能看出作者素养的高低。意境就是诗的境界，就是所谓'诗意'。不但漆画和诗有关系，一切文艺家都应该有点诗的情怀。诗的核心就是写意，若作者没有一种'境界'的追求，何来意境。而漆的优势就是写意，这和《九歌》的境界很合拍。相对于从古希腊传承下来的西方写实艺术体系而言，整个东方包括中国和周边的日、韩、越南的美术、文学、戏剧等，都是和诗有关的写意体系。我们最早的诗歌经典《诗经》《楚辞》出现在远古的先秦，它们都优美深刻、缠绵悱恻，极尽抒情之能事，但《诗经》是现实主义，写的都是人间之事。《楚辞》则是浪漫主义，海阔天空，无所不包，把我们带入了一个神秘的艺术境界，这就和漆的美感颇有相通之处，你到博物馆去看先秦

■ 九歌之三

的楚漆器，简直就是可视的《离骚》。秦灭了楚，却灭不了楚文化，马王堆漆器就是实证，它达到了光辉的顶点。唐宋以后直至今天，虽然也出了些精巧之物，但那品位岂能比拟。楚文化和漆在我心中如此崇高，以《九歌》来作我的漆画题材也就不难理解了。"

王和举说："艺术创作应当表现自己感动了的事物，一件作品若作者自己都不感动，要想感动别人是不可能的。"我们也从其作品中看出，此理念一直在伴随着他漫长而充实的艺术人生。

■ 九歌之九

（本文由王和举大师提供，未做改动）

第三届中国工艺美术大师

吴　川

　　1940年生于福建省泉州市。高级工艺美术师，中国工艺美术大师，中国美术家协会会员，中国工艺美术学会漆艺委员会理事，福建省工艺美术学会副会长，闽江学院客座教授。享受国务院颁发的政府特殊津贴。

艺术生涯

1972年，作品《巡逻》和《乌龙江大桥工地夜景》（与袁敞、王和举合作），入选纪念毛泽东同志《在延安文艺座谈会上的讲话》发表30周年全国美展。《乌龙江大桥工地夜景》现藏于中国美术馆，入编人民美术出版社出版的《中国现代美术全集·漆画卷》。

1983年，《闽南故乡》入编人民美术出版社出版的《中国现代美术全集·漆画卷》。

1986年，《雾》入选第七届全国美展并入编大型画册《中国美术60年》。同年创作漆画《草垛》，获首届中国漆画艺术展"优秀作品奖"并藏于中国工艺美术馆。两件作品均入编人民美术出版社出版的《中国现代美术全集·漆画卷》。

1990年，《闽南人家》获福建省工艺美术精品"争艳杯"大赛金杯奖一等奖。

1989年，《凤》入选第七届全国美展。

1994年，《满地铺红心始甘》入选第八届全国美展。

1999年，《惠安姑娘》入选第九届全国美展。

　　《海》《白马》《榕荫》《夜空》《云岗大佛》等漆画作品由中国展览交流中心收藏，多次在国外巡回展出。

艺术概况

　　漆画是以天然大漆为主要材料的绘画品种。漆画艺术家吴川的创作均来源于对现实生活的观察与内心的真实体验，作品注重黑白表现，洗练概括，具有质朴、淳厚的乡土气息。他深入体验生活，对闽南故乡的民俗风情情有独钟，又从艺术角度加以浓缩提炼，崇尚自然，充分流露作者向往自由的天性。

清新漆画美 浓浓惠安情

　　谈起漆画，人们会很自然地想到有着深厚漆文化的福建。早在 60 代初期，王和举和梁如初的漆画作品就参加了第四届全国美展，1972 年，吴川的巨幅作品《乌龙江大桥工地夜景》（与袁敞、王和举合作）入选纪念毛泽东同志《在延安文艺座谈会上的讲话》发表 30 周年全国美展，入编《中国现代美术全集·漆画卷》。福建漆艺家们的一系列努力与成就，促使了 1984 年漆画在中国艺术史上完成"独立门户"的第一步。漆画，自此在福建乃至全国漆艺领域掀起新潮流，一代漆画家随之成长起来，吴川便是这一代漆画家群体中的中坚力量。

　　1965 年，吴川从广州美术学院毕业回到福建后，就一直从事漆画的创作。吴川视意境为艺术创作的灵魂。他善于

■ 雾

用简约、单纯的方式创造出空灵、耐人寻味的意境。作品往往构图简约、用色单纯，如《雾》《天心月圆》等。版画系出身的他，将黑白版画的语言巧妙地运用到漆画作品《雾》当中，利用蛋壳粉这一单纯的材料，通过黑白两种颜色表现出惠安女在晨雾中行走的身影，既婀娜多姿又不造作。雾蒙蒙的旷野，惠安女的背影消融在朦胧的雾色中，意境空灵，耐人寻味，诗一般的意境自然而然地把人的思绪引向无垠的空间。

感悟、营造、呈现艺术意境，是中国艺术的精髓和灵魂。作品通过艺术构

■ 闽南故乡

思和真实、生动的题材，以剪影式的变现手法，把惠安女的形象化为意境，使观众得到艺术美的享受，又产生无穷的思想回味。

吴川的漆画创作大多取材于惠安女的生活，这或许与他所受的教育经历有关。"文革"前，他在广州美院学习，学校每年都会安排学生一个月左右时间下乡，体验生活，与农户同吃同住同劳动，下乡结束后才回校构思创作。正是在这样的教育经历下，吴川逐步形成艺术源于生活的创作理念。

生活是创作的唯一源泉，必须深入生活与不断创作实践，思想情感与人民站在一起，才有可能推陈出新。惠安土地贫瘠，男子长年外出打工，繁重的家务都由妇女承担，养成了惠安女吃苦耐劳的优秀品质。经常深入惠安、崇武等地生活的吴川正是被这种特殊的品质深深触动，创作了一系列以惠安女为题材的漆画作品。漆画《闽南故乡》《木瓜园中》《故土》《夕阳》《惠安姑娘》都以惠安女为题材，表达他对故乡人民的热爱之情。《闽南故乡》描绘了一位惠安女在劳作之余于园中休憩的场景，女主人头顶竹笠、颈戴围巾，表情淳朴自然、带着浅浅的笑容，充满了浓厚的乡土气息。吴川用单纯的手法表达了对惠安女的赞美，与对故乡的深厚感情，整幅作品简约而不失浓郁的情感。吴川说："闽南是画中人惠安女的故乡，也是我的故乡。"

每当提及惠安女的生活场景时，吴川总是激动得热泪盈眶说不出话来，只能间或吐出一两个字"苦"或"很苦"，从他那颤抖的声音和激动的泪水中即可获知，他对这片土地爱得是多么深沉。正如大画家黄胄《塔吉克人》的题跋"感情不能有半分虚假，作品中可以看得出"那样，吴川及其作品总能给人强烈的情感冲击，让人不觉地陷入浓浓的思乡之情。

心系乡土 情深意重

如果说，惠安女题材是吴川一生艺术创作的最爱，倒不如说乡土文化、民族艺术才是吴川创作的灵感之源。在追求艺术的道路上，吴川始终保持着那份纯真与天性，以各类最原始、最淳朴的素材，用最简约、最单纯的表现手法表达他对乡土文化和民族艺术的质朴追求与热爱。他说："任何一种创作，都必须根植于民族的土壤之中。只有渗透着深厚民族文化底蕴的作品，才能得到永久的传承与发展。"他淡泊名利、宁静致远，始终低调内敛地沉浸在自己的世界中，一如其作品之宁静、悠远。

吴川多年从事漆画和版画的研究与创作，与同时代的王和举、郑力为、唐明修等长期致力于推动福建漆艺的发展事业。1974年福建工艺美术学校复办时，

他与王和举、郑力为和时任副校长的陈文灿共同创办了福建工艺美术学校的漆画专业，为福建现代漆艺的发展培养了大批人才，也为福建乃至全国漆画的发展作出巨大贡献。

■ 草垛

第三届中国工艺美术大师

黄时中

　　1942 年生于福建省福州市。高级工艺美术师，中国工艺美术大师，福建省非物质文化遗产"福州脱胎漆器髹饰技艺"代表性传承人，中国工艺美术学会理事，中国工艺美术学会漆艺委员会副会长。

艺术生涯

1972 年，参与北京人民大会堂台湾厅大型屏风《郑成功收复台湾》（漆画）和西藏宾馆《格萨尔王》（漆画）的制作。

1977 年，主持并参与制作北京毛主席纪念堂《广州农讲所》（漆画），获"先进集体奖"。

1984 年，《梅花方瓶》（漆器）获中国工艺美术品"百花奖"优秀创作设计二等奖。

1985 年，《浮花图案长方单盒》（漆器）获中国工艺美术品"百花奖"优秀创作设计二等奖。

1986 年，《漆木印章》（漆器）获中国工艺美术品"百花奖"优秀创作设计二等奖。

1986 年，《欲搏》（与林美榕、李国栋、李亦春合作漆画）获首届中国漆画艺术展优秀工艺奖。

1987 年，《九色鹿之一》（漆画）获福建省第四届漆画展优秀奖。

1990 年，"磨漆嵌蛋壳梅花茶套"获中国工艺美术品"百花奖"优秀创作设计一等奖。

艺术概况

在对"漆"材料的艺术化处理方式中，黄时中大师博采众长，开拓创新，在漆器、漆画等不同的品类中展现出独特的艺术风貌。其创作将中国传统绘画、漆工艺及古典家具等元素完美地融为一体，给人以耳目一新、柳暗花明之感。代表作有《荷塘鱼趣》《松鹤朝阳金彩大花瓶》《南国花香四扇屏风》等，精妙绝伦，让人赞叹不已。

品类丰富 贯穿古今

1956 年，福建省成立福州工艺美术研究所，一批老艺人如漆器大师沈幼兰、沈忠英、李芝卿，漆画大师高秀泉等，以研究员身份加入漆器研究工作。1957 年，年仅 14 岁的黄时中以惊人的绘画天赋被破格选入福州工艺美术研究所，拜著名漆艺大师高秀泉为师，从此踏上从事脱胎漆器的研究与创作道路。作为高秀泉的"关门"弟子，黄时中兼学沈幼兰、沈忠英漆器薄料技法，同时在李芝卿处学得厚料髹漆技法，作品题材、技法极为丰富，独具表现力。1964 年，黄时中的"朱色描金山水画"获得轻工部优秀奖，在漆艺界崭露头角。

在老前辈们的眼中，黄时中技艺非常全面。漆艺创作，工序复杂、工期较长，要经过泥塑、裱布、底涂、中涂、面涂、打磨、上漆、再打磨、修整、再一次打磨、

■ 扶桑立盘

推光等十几道工序。熟练掌握每一道工序并且完美呈现出创作者想表达的内容，是衡量优秀漆艺者的关键标准。黄时中不仅熟悉"漆"的特性，而且精通漆器与漆画的每一道工序，其脱胎漆器兼视觉美与触觉美于一体，作品绘画性强，韵味十足，极为耐看。

黄时中的脱胎漆器不仅色彩丰富，而且创新独到，总让人耳目一新。例如，作为国家级礼品送给前朝鲜领导人的《松鹤朝阳金彩大花瓶》，送给日本田中首相的"脱胎漆印"作品，复制得足以以假乱真的成都凤凰山汉代漆盒等作品，均在不同层面体现了大师精湛的工艺与独到的审美追求。尤其是脱胎漆印，不仅在工艺上克服了脱胎漆器平面大易变形的顽疾，还将漆器的温润与印章的王者气势有机地结合在一起，为漆器的创作开辟一条新的道路。

黄时中酷爱中国古典文化，学养深厚，尤其敬慕古代工匠们的各类漆艺作品。因而，他的作品不乏大量仿古之作，尤其以汉代的碗、盒、杯、盘等器型为盛，例如仿四川凤凰山汉墓出土的双层漆碗，马王堆汉墓中的各类漆器等。纯粹的黑漆，艳丽脱俗的色泽，古朴典雅的造型，细部细

■ 脱胎梅花方瓶

若游丝、灵动飘逸的线条……每一件作品都制作精巧，灵巧生动，华丽明快的色彩，富有韵律和节奏感的韵味使作品的逼真程度往往有过之而无不及。对工艺界而言，复制这些精品漆器，不仅可以再现秦汉漆器技艺的高超水平，更可以从中琢磨出许多业已失传的技艺。

除了制作传统脱胎漆器之外，黄时中还创作了大量精美的漆画。憨态可掬、呼之欲出的小狗；威风凛凛、孤绝肃杀的老鹰；桀骜不驯、傲视万物的山君；亭亭玉立，婀娜多姿的丹顶鹤……每一件作品都栩栩如生，神完气足。这件《鲲鹏图》，大鹏展翅高飞，犀利的眼神、雄健的双翅、刚劲有力的烈爪，表现了大鹏气吞万里的磅礴之势。这些作品，无不体现黄时中扎实的绘画功底与驭漆能力。

■ 鲲鹏图

开拓创新 精益求精

除了制作传统的脱胎漆器与漆画之外，黄时中漆艺技法的最大成就莫过于实现了作品构件的"化整为零"，先分别制作各部分构件，再现场组装，解决了长期以来大型漆器体积庞大，包装、运输难的问题。例如，作品《南国花香四扇屏风》以及《漆空间》，虽然体积庞大，却拆组便捷，结合了漆画与古典家具的优点。

《漆空间》八面折屏以天青色间以黄色为底，与中间皓月当空的主屏形成寰宇天际、海上生明月的清冷意境，造型与色调流畅简洁，给人以和谐、宁静之感。漆屏与客厅正中的案几椅凳相互辉映，相得益彰，使整个客厅凝聚着冷艳而高贵的气息。

黄时中的漆画创作技艺超群，他对"漆"材料的创造性使用与传统意境的营造，使漆画具有无法取代的传统与现代融合之美，作品深受海内外政要及收藏界的喜爱。

黄时中大师性情耿直，为人仗义豪爽，始终秉着纯粹的守艺之心和旺盛的创作激情。他善于在传统的基础上融入当代艺术元素，努力弘扬中华文化，追求漆艺灵魂与生命并存，深得同行师友和大家的赞誉，对福建省乃至全国同行都有影响。他与同时代的吴守端、林增损、林金炀、盛继昌、陈尔华等漆艺大师共同为福建近现代漆艺的发展与漆画的产生作出巨大贡献，极大地推动了福建漆艺在国内外工艺界的影响力。

艺术传承

黄文华－黄时中之子。1973 年生，曾于日本留学 10 年，归国后随父学习漆艺。

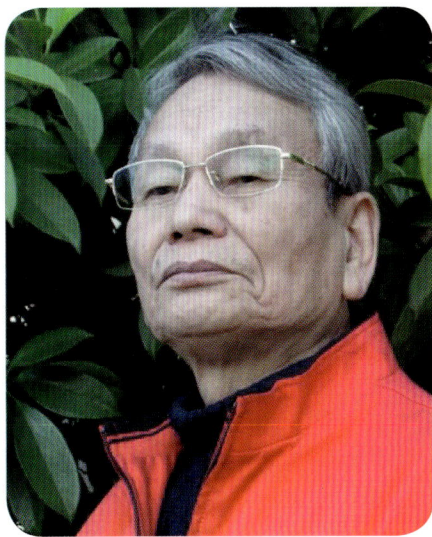

第五届中国工艺美术大师

郑益坤

1936 年出生于福建省福州市。高级工艺美术师，中国工艺美术大师，国家级非物质文化遗产"福州脱胎漆器髹饰技艺"代表性传承人，中国工艺美术终身成就奖获得者，中国当代百名杰出国画家，非物质文化遗产保护工作先进个人，亚太手工艺大师。

艺术生涯

1963 年，为北京人民大会堂福建厅毛主席休息室创作漆画《闽江之夜》《东海旭日》。

1984 年，漆器"春晴蝶舞"文房四宝盒获中国工艺美术品"百花奖"优秀创作设计一等奖。

1986 年，漆画《蝴蝶兰》获全国漆画展优秀作品奖，被前苏联东方艺术博物馆收藏。

1987 年，"装饰漆膜"科研项目通过省级鉴定，被中国轻工部授予"全国轻工业优秀新产品奖"和"全国轻工业科技'金龙腾飞奖'"。

1988 年，国画《水仙》入选第三届中国花鸟画邀请展，藏于李可染旧居艺术陈列馆。

1994 年，漆画《静物》入选第八届全国美展并被中国美术馆珍藏。

1995 年，为北京人民大会堂福建厅设计制作大型漆屏风《凌波仙子》，获"北京人民大会堂福建厅、台湾厅室内设计"优秀工艺奖。

1996 年，在新加坡乌节坊艺术展厅举办"郑益坤个人漆画展"。

2010 年，漆画《海鲜》、脱胎漆缸《乐在其中》被中国工艺美术馆珍藏。

漆艺 中国工艺美术大师 郑益坤

艺术概况

福州是中国现代漆画发祥地之一。自 20 世纪 60 年代以来，这里形成了人数最多、水平也最高的漆画家群体。他们不囿于传统漆艺的束缚，遵循漆的规律去创造，去探索，去实践，创作出一批又一批优秀的漆画作品，极大地推动了现代漆画的独立和发展，使福州漆艺在新的时代结出了与以往迥然不同的丰硕果实，成为福州继脱胎漆器之后的又一骄傲。

1959 年，郑益坤毕业于福州工艺美术学校，作为著名画家陈子奋以及漆艺界泰斗李芝卿两位巨擘的得意门生，郑益坤获得了深厚的国画功底与髹漆本领，为日后的漆画创作打下坚实的基础。郑益坤结合国画艺术与漆艺，不仅创作出各类题材的漆画，而且继古开今，重拾并改进针刻技法，参与研发漆饰工艺，为近现代漆画的发展作出巨大贡献，被誉为"中国现代漆艺的先行者，更是中国现代漆画最杰出的艺术家之一"。

醉心金鱼 跃然漆上

郑益坤的漆画以各类八闽风物最为常见，水仙、荔枝、桂圆、鸟儿、金鱼等，在他笔下均有精彩的表现，尤以金鱼题材见长。金鱼若在漆盘中，仿佛盘中有水，水中有鱼，有的隐在水下，有的浮出水面，若隐若现，栩栩如生。有人说，他的金鱼盘能惹得小猫围着盘子团团转，并非戏言。1963 年，北京人民大会堂福建厅陈列了郑益坤创作的金鱼漆盘，著名美学评论家王朝闻看到后曾风趣地赞其作品"气死猫"。俨如王冕的梅、郑板桥的竹、徐悲鸿的马、齐白石的虾、黄胄的驴……郑益坤自此成为漆画界金鱼的代言人。

■ 脱胎鱼缸

154

在所有以金鱼为题材的作品中，"脱胎鱼缸"是郑益坤的巅峰之作。将金鱼画在脱胎漆鱼缸内，难度很大，一般人看他的漆鱼缸，会感觉鱼缸很深，仔细看下去，发现好像缸里有水，再看下去，水里还有金鱼，金鱼还不止一层，水面、水底好像都有。这种立体脱胎漆金鱼缸是"金鱼坤"最成功、最经典的作品。这种脱胎金鱼缸创作难度极大，所以数量极少，可谓一"鱼"难求。

郑益坤的金鱼之所以能够表现得如此逼真、生动，首先归功于他对鱼尾比例匠心独运的处理。他说："金鱼的尾巴就像《天鹅湖》中奥德特的裙裾，就像《牡丹亭》里杜丽娘长长的水袖，没有轻盈的裙摆，没有柔婉的水袖，何以寄托那么多的爱怨情仇？婉转的鱼尾使得金鱼更加摇曳多姿，活灵活现。"其次归功于他运用大漆的能力。在朱色彩漆描绘的鱼纹上涂以半透明漆，再经研磨，打磨轻重不一，漆层厚薄不同，若明若暗，若隐若现。漆黑的漆板神秘、深邃，晶莹的黑漆好似一潭池水，给人以无限的想象。漆液的半透明性特点，更加烘托了漆画的隐约之美，"只画鱼儿不画水，水中自有波涛"，郑益坤用漆的独特魅力表现东方人的"意象"审美情趣。

针刻技法 以线造型

郑益坤漆画的另一个特点是擅长针刻技法，以线造型。针刻技法是中国古代漆器制作的一种工艺技法，又名"锥画"，即以锐器刺刻漆器的表皮，形成点、线结合的纹样。1963年，郑益坤应湖南省博物馆邀请，随李芝卿等人前往长沙，复制战国漆器和汉代棺椁上的漆画。这一经历使他有幸认识这一古老工艺，他继古开今，重新运用到现代漆画的制作上来，用最简单的线条描绘出多彩的世界，可谓古法新颜。

八闽正芳菲

漆画《八闽正芳菲》是郑益坤针刻漆画的代表作品，作品看似简单，实则不然，要掌握好"锥画"线刻的神韵很不容易，因为针锥在光滑的漆面上不易着力，全凭手劲走刀，手上力道必须掌握好。由于针刻作品的画面完全依靠线条表现，因而每个步骤的完成质量都被放大，工艺质量优劣立判。正是郑益坤的努力探索和实践才让古老的锥画工艺在新的历史时期重新焕发出迷人的光彩，使这门原本单纯的漆艺器表装饰工艺演变成极具艺术表现力的漆画技法。"针刻"已成为郑益坤漆画创作中最个性的语言。

科研助力 创新技法

作为漆艺工作者，郑益坤在自己的漆艺创作道路上始终不断地摸索新方法，力求制作出更加精美、精致，技法更高的作品。他改良了"针刻"的工具，将刻钢板的刻刀磨成锐利的三角形，使点、勾、划的转折既有变化，也有力量，兼具"精、气、神"之绘画效果；他恢复了传统漆沙砚工艺，研制出标准的漆沙砚；他组织研发漆器修饰新工艺，倡导和参与开发漆器闪光装饰漆膜；他还将装饰漆膜的成果直接运用到漆画创作中，开启了漆画创作中使用漆膜镶嵌的先河，拓展了漆画表现的空间。80年代起，郑益坤又致力于"漂漆浸渍法"的探索，利用油比水轻、漆与水互不相溶又聚散牵扯的特点，将经过稀释的色漆随意地洒在水面上，经搅拌后滞于画面以获得意想不到的随机效果的方法制作漆画。

"晶莹髹漆千层罩，月里嫦娥羡几分"，郑益坤毕生从事漆艺研究与创作，创作了无数脍炙人口的经典作品，他的作品总是充满了生命力，充满了作者对生活、对快乐的捕捉与对朴实、美好、和平生活的向往。

50多年来，郑益坤大师在其所涉及的漆器、漆画、国画、漆工艺研究领域都取得了令世人瞩目的成就。他的漆画作品几乎参加了20世纪20年代至21世纪初的所有重要展览，这些成果不仅体现了他在漆艺领域取得的巨大成就，更是一部中国近现代漆艺的发展史。如今，他的传承者们正在将中国现代漆画的队伍不断发展壮大，正坚定地阔步于再创福建漆艺辉煌之路。

艺术传承

郑　鑫 - 郑益坤之子。1968 年生，1992 年毕业于福建师范大学。作品形式多样，创意出新、意境悠远深邃而气韵生动。原福建工艺美术学校校长，现闽江学院美术学院副院长、教授，福建省工艺美术学会漆艺专业委员会副主任。

陈施耘 - 郑益坤徒弟。1982 年生，2010 年毕业于西安美术学院。擅长风景类漆画油画，用色强调色彩单纯，追求在单一的色调中找丰富的层次变化，纵深感强，光影强烈。现为福建博物院典藏研究部人员。

吴建煌 - 郑益坤徒弟。1986 年生，2011 年毕业于日本东京东洋美校。作品题材不定，喜欢中西融合，立意新颖，追求作品富有情趣又充满生机的时代气息。福建省漆艺大师。现任闽江学院美术学院教师。

王　翊 - 郑益坤徒弟。1979 年生，2000 年毕业于闽江学院，长期专注于漆艺在现代生活中的衍生设计。现任艺生活文化艺术有限公司设计总监。

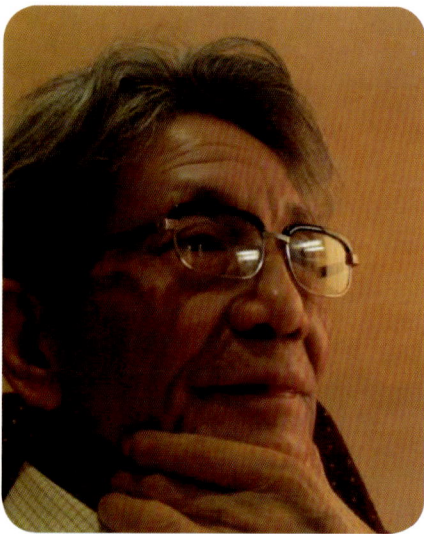

第五届中国工艺美术大师

蔡水况

1939 年生于福建省厦门市。高级工艺美术师，中国工艺美术大师，蔡氏漆线雕第十二代传人，国家级非物质文化遗产"厦门漆线雕技艺"代表性传承人，中国工艺美术终身成就奖获得者。

艺术生涯

1959 年，作品《孙悟空大闹天宫》（与父亲合作）参加全国工艺美术展。

1972 年，《民族英雄郑成功》《业余爱好者》参加全国工艺美术展。

1981–1983 年，重塑厦门南普陀寺"四大金刚"，名垂青史。

1994 年，《闹天宫》获中国工艺美术精品展金奖并在日本展出。

1994 年，《波月洞悟空降妖》《还我河山》被国家征为工艺美术珍品，收藏于中国工艺美术珍宝馆。

1999 年，《波月洞悟空降妖》参加泰国第二届世界华人艺术大奖赛，获国际金奖。《闹天宫》获中国国家级工艺美术大师精品展金奖。

2000 年，《华容道》获全国民间工艺美术大赛金奖。

2001 年，《西楚霸王》获第三届中国国家级工艺美术大师精品展暨第三届中国工艺美术优秀作品评选金奖。

2002 年，《凯旋归》（花木兰）被福建省工艺美术珍品馆收藏。

2008 年，《哪吒试法》《龙之魂》之（001 号）被中国国家博物馆收藏。

艺术概况

作为首批国家级非物质文化遗产项目"厦门漆线雕技艺"的代表性传承人，蔡水况大师及其率领的"蔡氏漆线雕"团队成为厦门的文化标志。1973年，他将首创在瓶、盘上的漆线艺术命名为"漆线雕"，从此"漆线雕"声名鹊起，誉满寰中。在从艺几十载的岁月中，蔡水况呕心沥血创作了一系列以历史、神话人物为主题的漆线雕精品，将漆线雕广泛传承、发扬光大。

继承传统 开拓思路

"绕""盘""缠""结""堆""叠"，简单几个字提炼了漆线雕工艺的精髓。传统的漆线雕工艺主要包括四个方面的技艺：雕塑、粉底、漆线装饰、妆金填彩。

早年，受传统脱胎漆器及家艺背景的影响，蔡水况的作品多以与闽南信仰

■ 华容道

相关的神佛造像、民间戏曲及历史小说中的人物故事为创作题材。代表作品有《弥勒佛坐像》《妈祖坐像》《闹天宫》《哪吒》。《闹天宫》表现了大圣手提金棒、单足而立、凝神望远的形象，艺术效果极其强烈，非常具有民间艺术夸张生动的趣味效果。

后期，随着工艺技法的成熟与新制法的融入，蔡水况结合脱胎漆器与漆线雕创作，在脱胎漆器胚体上进行彩绘、贴金、雕饰漆线，创作了一系列"脱胎彩绘贴金漆线雕"作品。题材上也进行了大胆创新，塑造对象不再是单纯的神佛偶像、戏曲人物，力图创造更为生动活泼的人物场面。代表作品有《红楼梦回》《郑成功》《华容道》，都使用脱胎漆器而使整体艺术形象显示出空灵飞动的式样，给人以无限的想象。

作品《华容道》，关羽凌空而下气势逼人，曹操抬头仰望听天由命，无可奈何。红脸膛对着白鼻头，中国式的忠奸对峙又情义难舍，在《华容道》上演绎了一场"最值得歌颂的走后门"人情戏。人物身上的图案或婉转如流云，或跃动如波浪，盘线有收有放、有疏有密，极富弹力和节奏感。头饰、铠甲、吞头、结头……每一处每一点都极其精准、传神，熠熠生辉，栩栩如生。

但凡见过蔡水况的漆线雕作品的人，无不肃然起敬。天神们战斗的沉酣、孙大圣飞动的英姿、贾宝玉飘忽的梦魂……作品从泥塑造型、外形翻模，到脱模复制胚体，再到打磨、粉土及最后的漆线盘缠堆叠、妆金填彩，无不体现了作者精湛的技法与艺术表现能力。

创新创艺 传承推广

蔡水况一反业界秘不示人更不外传的老规矩，毫不吝啬地将家传绝技广泛推广，不仅打破门规招收异姓弟子，还招聘艺术学院的毕业生，扩大漆线雕的传承发展。他说，漆线雕不仅是蔡家一门的技艺，更是中华民族的文化精髓。可以说，正是有这样的胸怀与认识，蔡氏漆线雕才得以广为人知，为人称赞。这也成为蔡氏漆线雕发展传承史上的里程碑。

蔡水况对整个漆线雕行业的高瞻远瞩与深谋远虑，使这门技艺能够在厦门乃至整个东南亚地区发扬光大，成为厦门文化产业的标志。其行业地位也不再仅限于中国工艺美术大师之荣衔，更在于扛起厦门工艺美术界的大旗，在蔡水况的推动下，厦门漆线雕在工艺技术、产品开发等方面进行了全新的创造与发展。如今，蓬勃而起的一家家优秀的漆线雕企业，如惟艺、优必德、鹭艺轩等，便是对他为整个行业的生存发展思深忧远、竭智尽力的最好诠释。

"老骥伏枥，志在千里；'蔡师'暮年，壮心不已"，现已年逾古稀的蔡水况大师依旧坚守在漆线雕传承的岗位上，热心于向学生授业、解惑，心系漆线雕的传承与发展。例如，指导设计《惜莲》，用一只纤手、一朵素莲，使清淡的禅意飘浮在诗一样简洁的画中；《龙之魂》，则以著名的"中华红"瓷胚为对象进行雕饰，呈现"四海翻腾，朝气蓬勃"的面貌，生机盎然、欢乐喜庆；作品《求偶》，则以高贵祥瑞、相向而游的双龙刻画出"求偶"的主题，可谓"旧题材，新意境"。

蔡水况说："现代的学生接受了专业、开放的艺术创作理论，有很好的开创思维与想法，只有将传统技法与新的创作理念、新元素相结合，才能延长漆线雕的寿命，才能将其永久的传扬下去。"

在工艺界，蔡水况是漆线雕领域的泰山北斗，名公巨人；在生活中，他是豁达大度、和蔼可亲的老者。大师饮食则粗茶淡饭以为甘、衣着则朴素制服以为荣、出行则搭乘公交以为便……淡泊名利，有君子悠然之思。他喜欢与年轻人聊天，

■ 红楼梦回

讨论关于漆线雕、关于中国传统工艺发展的方方面面，他精力充沛，思维敏捷，似乎总是有说不完的故事。正是由于对漆线雕的热爱与积极豁达的人生态度，蔡水况大师总是充满动力，热心于各种将漆线雕，乃至中国传统工艺传扬光大的公益活动与事业。

艺术传承

蔡富国－蔡水况之侄。1956 年生，"蔡氏漆线雕"第十三代传人，擅长表现传统图形纹样。省级非物质文化遗产项目"蔡氏漆线雕"代表性传承人。主要负责创作组新产品的制作、传统纹样的收集整理等工作。

蔡彩礴－蔡水况侄女。1961 年生，"蔡氏漆线雕"第十三代传人，为蔡氏家族中唯一从事漆线雕工艺的女传人。福建省工艺美术大师，省级非物质文化遗产项目"蔡氏漆线雕"代表性传承人。主要负责生产部的生产管理与新学徒的技术培训。

王志强－蔡水况徒弟。1961 年生，"蔡氏漆线雕"第十三代传人，漆线基本功扎实，造型能力强，擅长形象结构的理解与表现。福建省工艺美术名人，省级非物质文化遗产项目"蔡氏漆线雕"代表性传承人，唯一的"外姓传人"。现任厦门惟艺漆线雕艺术有限公司总经理。

蔡士东－蔡水况之子。1966 年生，"蔡氏漆线雕"第十三代传人，擅长传统工艺元素的创新创作，精于"细线工"。福建省工艺美术大师，省级非物质文化遗产项目"蔡氏漆线雕"代表性传承人。

第五届中国工艺美术大师

郑修钤

1946年生于福建省福州市。高级工艺美术师，中国工艺美术大师，福建省非物质文化遗产"福州脱胎漆器髹饰技艺"代表性传承人，福建省第七届、第八届政协委员，福建师范大学漆艺专业硕士研究生导师，福建商业高等专科学校客座教授。

艺术生涯

1977年，作品《大寨屏风》获福建省工艺美术展览会优秀作品奖。

1977年，《针刻蜜形盒》获福建省工艺美术展览会优秀作品奖。

1979年，《仿西汉图案》获福建省第二届漆画展优秀作品奖。

1986年，《渔舟唱晚》获福建省第三届漆画展优秀奖、首届中国漆画艺术展优秀作品奖，并被中国工艺美术馆收藏。

1986年，《闽江之滨》获福建省第三届漆画展优秀奖。

1987年，《冬》获福建省第四届漆画展优秀奖。

1990年，"鹤翔三角瓶"获中国工艺美术品"百花奖"优秀创作设计一等奖。

1990年，"丰收方立盘"获福建省"争艳杯"三等奖。

1994年，《憩》获第八届全国美术展览优秀作品奖。

1994年，《鹤鸣》陈列于北京人民大会堂福建厅。

1995年，《春、夏、秋、冬》（漆画）陈列于北京人民大会堂台湾厅，被福建省政府评为优秀工艺奖。

1999年，《布达拉宫》获第九届全国美展银奖。

多件作品被中国国家博物馆、中国工艺美术馆、福建省美术馆、福建工艺美术珍品馆及前苏联东方艺术博物馆收藏。

艺术概况

作为福建省非物质文化遗产"福州脱胎漆器髹饰技艺"的代表性传承人，郑修钤大师是老一辈漆艺大家中不可多得的人才。他一生与漆艺为伴，创作了无数脍炙人口的作品，为福州近现代漆艺事业的发展作出巨大贡献。在作品风格上，郑修钤以其精湛的针刻技法赢得业内外的一致认可与好评，被业内尊称为中国漆艺针刻的泰斗。

重拾针刻 匠心独运

漆艺领域的针刻技术，指用极细的钢针在漆器上绘画描线，以针代笔，在漆器上绘画，这一技法源自汉代，至今仍让漆艺工作者们啧啧称奇。汉代以后，这项技术莫名失传，在中国漆艺发展史上曾留下两千多年的空白，直到上世纪70年代，郑修钤等人先后五次应邀赴长沙参加马王堆汉墓漆器复制工作，经反复实验，重拾针刻技法。自此，失传千年的汉代漆器工艺重放异彩。

■ 五扇博古漆器围屏

郑修钤将针刻这一漆艺精髓应用到现代福州漆艺创作中，创作出独特的艺术作品。他巧妙结合针刻工艺与脱胎漆器"镶嵌""彩绘"等技法，设计制作了《青针刻图案五层盒》《青针刻仿西汉图案三角脱胎瓶》《清香脱胎立盘》《五角脱胎花瓶》等作品，实现了传统技法与现代审美的完美结合，恢诡谲怪的图案及飘逸生动的线条无不让人拍案叫绝、慨叹称奇。

掌握失传了两千多年的汉代漆艺针刻技术是郑修钤艺术生涯的一个高峰，受邀为尼泊尔修复《五扇博古漆器围屏》则是他人生的另一顶点。该围屏为原公私合营福州脱胎漆器公司制作，20 世纪 60 年代初毛泽东主席赠送给尼泊尔国家元首的国礼。2005 年由郑修钤重新装饰修复。

一般而言，一件脱胎制品需要四五十道工序，一幅漆画的完成也至少需要三个月时间，对于体量巨大的围屏来说，耗时之久、耗力之大不言而喻。对于这件关乎着友好邻邦交往和维护中华漆文化声誉的围屏，郑修钤更加意识到自己肩负的责任之重大，在修复中倾注了全部心血。他主张"修旧如旧"，单是修复边框就花了好几个月的时间，为了完全重现围屏上的青铜器颜色，他将用烟熏过的银箔碾碎，磨成粉，细筛后再调入大漆，终于表现出青铜的厚重质感。为了修复拐角接缝等死角部位，他更是打着电筒，一点一点地精心修复，终于将其修复如初，俨然原品，令人称绝。

漆屏的修复，不仅体现了郑修钤高超的漆艺技术，更体现了他对祖国的热爱与崇敬，他以敬业之心和神圣的责任感与使命感来诠释这次修复工作，令人尊敬，更令人敬仰。

粲然可观 含蓄迷离

1984 年，漆画正式作为独立画种亮相第六届全国美展。自此，漆画这一古老而年轻的画种终于被画坛接受，一代漆画家伴随漆画成长起来，郑修钤便是这一代漆画家群体中的佼佼者。在随后的几届全国美展中，郑修钤的漆画《憩》《布达拉宫》等作品屡获佳奖，在那漆画刚刚迈进大雅之堂的年代，要想和其他画种媲美实属不易。《布达拉宫》却以极为明快、饱满的色彩和细腻的蛋壳镶嵌工艺营造出神圣、庄严与雄伟的视觉效果，这是任何其他画种的媒材所不可取代的。2003 年，这件大型漆画作品还被推荐参加中国北京首届国际美术双年展，"中国漆画"自此在国际美术活动中声名鹊起。

著名漆画家乔十光曾撰文："漆黑是世界上最黑最美的黑。漆黑之美，不仅在于黑，而且还在于它经过'退光'加工能产生一种'沉下去'的莹莹光泽，是那样的深远无限，又是那样的含蓄柔和。"月亮是伟大的诗人，它使万物披上一层朦胧诗意。水也是，水中倒影往往更迷人，水中观画也有一种虚无迷离之趣。看漆画如水中观画，有一种特殊的魅力。

■ 布达拉宫

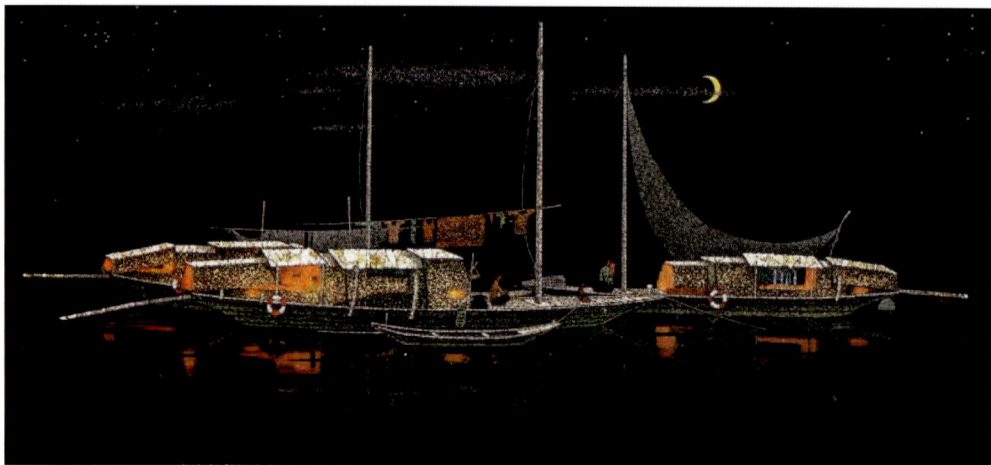

■ 渔舟唱晚

现藏于厦门市海峡文化艺术品保护基金会

郑修钤的《渔舟唱晚》便是对此意境的最佳诠释。青退光的底漆既是天，也是水，借喷银以晕染䰀漆的轻舟倒影，细腻而素雅，深沉而含蓄；粗细不一的蛋壳、螺钿与恰当的金银粉交相呼应，星月相映，给人以水之清、夜之深的闲适与平静之感。

2003 年，郑修钤携同系列的《渔舟唱晚》参加法国巴黎蓬皮杜文化艺术中心的"中国文化年"艺术展，《渔舟唱晚》位列开幕式展厅正中央，多位藏家欲求而因当时的规定不能得。这无疑给浪漫的艺术之都法国留下深刻印象，也更增添了作品的魅力。

作为老一辈的漆艺艺术家，郑修钤有幸受到良好的专业教育，因而他比常人更能认识与理解传统艺术保存与传承的重要性与紧迫性。作为将福州漆艺从传统脱胎漆器向现代漆画引渡的一代漆艺家，他的压力与责任重大，面对传统工艺转型期遇到的各种困难与问题，他始终站在漆艺创作的前线，为漆艺这一国粹技艺的发展披荆斩棘，殚精竭虑。

2006 年退休后，已是花甲之年的郑修钤毅然在家成立漆艺工作室，坚持创作。同时，他受聘于福建师范大学美术学院和福建高等商业专科学校，从事漆艺教学工作，把漆艺传承给更多热爱漆艺的年轻人。他说："只有越来越多的高素质人才进入这个行业。漆艺这门传统艺术才会发展的越来越好。"作为福州近现代漆画界的泰斗，郑修钤的作品不仅代表了福州漆艺转型期的高超水平，更代表了老一辈漆艺家踏实创作、热心传承的精神，值得称颂。

艺术传承

王自钦－郑修钤徒弟。1984 年生，2007 年毕业于福建师范大学，擅长传统装饰题材。福建美术家协会会员，福建工艺美术漆艺专业委员会会员。

许婷婷－郑修钤徒弟。1988 年生，2009 年毕业于福建职业技术学院，擅长传统题材。

陈美霞－郑修钤徒弟。1993 年生，2012 年毕业于福州工艺美术学校工艺绘画专业，擅长传统题材。

第三届中国工艺美术大师

许兴泰

1941年生于福建省德化县，2006年5月逝世。高级工艺美术师，中国工艺美术大师，中国陶瓷艺术大师，全国职工自学成才奖获得者，泉州市第七届政协委员，德化陶瓷职业技术学院客座教授。

艺术生涯

1958年，作品《红军过草地》《大炼钢铁》《农业学大寨》等被选送为福建省"国庆十周年献礼"展品。

1963年，《散花女》《王母娘娘》获德化瓷厂"瓷塑技艺大比武"一等奖。

1976年，《十八手观音》为德化近代第一件多手观音，为当时德化瓷塑业主打产品。

1983年，《立龙特大观音》获福建省人民政府"优质产品证书"，次年获中国工艺美术品"百花奖"金杯奖，被中国工艺美术博物馆收藏。

1988年，《捻珠观音》获全国陶瓷新产品创作设计评比赛一等奖。

1996年，在泉州市德化技术学校任教。于新加坡、马来西亚举办展览，被新加坡《联合早报》《联合晚报》等媒体报道，《南洋商报》以"德化瓷雕高手'许氏三杰'（许兴泰、许兴泽、许瑞峰）"为题作专题报道。

1998年，《天女散花》《净瓶观音》获第一届中国国家级工艺美术大师精品展及中国优秀工艺美术作品评选金奖。

2000年，《坐荷观音》《天女散花》被国家博物馆收藏，《春满人间》由中国工艺美术馆收藏。

2008年，《渡海观音》被英国珍宝博物馆收藏。

艺术概况

德化陶瓷源远流长，在中国陶瓷历史上曾经书写了辉煌的篇章，具有重要的历史地位和国际影响力。因其产品制作精细，胎质坚硬，晶莹如玉，釉面滋润似脂，故有"象牙白""猪油白""鹅绒白"等称号，在我国白瓷体系乃至世界陶瓷发展史上都具有重要地位。

许兴泰是福建省陶瓷行业第一位获得"中国工艺美术大师"荣誉称号的陶艺大师，为继承、发展和提高我国美术陶瓷的技艺水平献出毕生的精力与心血。在长达半个多世纪的艺术生涯中，他潜心于雕塑艺术的研究与创作，创作了数以千计的瓷塑作品。他的作品以刻画观音、弥勒等神佛造像为主，瓷质晶莹剔透，作品传神生动。

观音——真善美的化身

"观音"是德化瓷雕艺术最具代表性的作品，除了受宗教思想的深远影响，更被视为真、善、美的化身，被誉为东方的"维纳斯"，深受人们喜爱。许兴泰的大部分作品以观音为题材，生动传神地呈现出各类观音造像。

代表作《圣洁观音》选用优质的白色瓷土，塑形完美，釉质晶莹剔透，与塑造主题完美结合，相得益彰。作品中的观音，轻倚在荷叶上，悠然自得，面部表情和蔼慈祥，体现了观世音菩萨的悲悯情怀。衣纹处理疏密结合，线条流畅，如行云流水，栩栩如生。整件作品既承袭德化传统的瓷雕艺术风格，又融入现代人的审美要求。在工艺上，《圣洁观音》

■ 圣洁观音

重心仅靠两点波浪支撑，表现出高难度的烧制技巧。

除此之外，大底座、长飘带也是许兴泰作品的独到与创新之处，《圣洁观音》将传统瓷塑通常只占五分之一体量的水浪、荷花底座扩大到五分之四的体量，把底座本来的点缀作用演变成烘托作用。向上张开的大荷叶、呼之欲出的小荷花把观音向上托起，营造了冉冉升起的意境；同时，光滑素面的荷叶与细密的海浪、柔软婉转的飘带形成强烈鲜明的对比，极具艺术效果。

另外，创作于 2005 年的收官之作《渡海观音》是许兴泰从艺 50 多年来的又一经典之作。渡海观音是德化瓷雕中的传统造型，以明代何朝宗的作品而闻名海外，德化后人多仿制何氏渡海观音并以相似程度作为水平高低的评判依据。许兴泰的《渡海观音》，一反相似路线，大胆进行艺术创新，自出一路，特别是开脸、身材比例和衣衫的翻转手法，与众不同。作品胎体洁白如雪、温润如玉，尽显德化瓷天然材质美。塑、捏、雕、刻、贴灵活运用，具象与抽象、柔与刚、简与繁和谐统一。作者赋予观

■ 渡海观音

音以人性美，使大慈大悲的观音升华为真、善、美的化身，大大丰富了作品的美学意蕴。

许兴泰瓷塑的设计与制作，既沿用德化瓷塑花、堆贴、划花和透雕等传统手法，又对其进行概括与提炼，加强人物的主要特征、气质、动势和神采，使之更强烈、更生动、更简练，也更感人。

德艺双馨 积善成德

作为与观音结缘的大师，许兴泰不仅在艺术创作中以神佛造像为题材，在生活中更是以佛法勉励自己和子孙后辈，救灾恤患、乐善好施，反哺社会。2001年，许兴泰为中日共同佛教研究所创作设计《阿弥陀如来》，深获日本佛教信徒好评；同年，他将作品《春满人间》和《立莲观音》捐赠给中国儿童少年基金会，将拍卖所得全部用于捐助少年儿童教育福利事业。2008年，他的后人又将其《祥云渡海观音》拍卖所得全部捐献给汶川，给受灾人民送去温暖，为灾区重建献上一份力量。

生于陶瓷世家的许兴泰，祖上许友义是清末民初杰出的瓷艺家，父亲许文君也擅长瓷作，为当时中国工艺美术家协会会员。上百年来，许氏家族的瓷塑一向以创作精品著称。2010年，中国工艺美术协会主办的"天工艺苑"中工美2010春季艺品拍卖会上，《大观音头像》以56万的价格拍卖成交。2010年，《净瓶观音》在"中国·福州海峡版权（创意）产业精品博览交易会"暨"工艺艺术精品拍卖会"上以260万高价成交，足以体现业内外人士对许兴泰的肯定。

为了填补德化陶瓷研究之空白，许兴泰与其子许瑞峰创立了"峰泰艺术瓷研究所"，先后攻克陶瓷釉料中最难以烧制、最具有收藏价值的"釉里红多彩结晶釉"和"高温辣椒红釉"技术，以雄厚的技术实力走上独具特色的陶瓷精品之路，大力推进了德化乃至全国陶瓷艺术釉的发展，也将"许氏"瓷塑更好地传承与发展下去。2003年，全国人大副委员长李铁映将这种釉艺命名为"中华红""宝石釉"，充分肯定了许氏陶瓷的成绩。

福建省工艺美术研究院院长余卫平曾肯定："半个世纪以来，许兴泰潜心研究陶瓷技艺，为我国美术陶瓷技艺水平的发展和提升献出了毕生的精力，在瓷塑艺术方面作出了突出贡献，是当代德化乃至中国瓷塑艺术的主要奠基者和代表性人物。"

艺术传承

许春玉－许兴泰长女。1966年生，擅长观音、仕女等传统题材的瓷塑创作。许氏瓷塑第六代传人，国家高级技师，福建省陶瓷艺术大师，泉州市工艺美术大师。

许瑞峰－许兴泰长子。1969年生，擅长观音等题材的瓷塑创作，融合明代何朝宗传统瓷塑技艺及许氏瓷塑精雕细刻的特有手法，风格鲜明。2000年成功研制"辣椒红釉""多彩结晶釉"。许氏瓷塑第六代传人，高级工艺美术师，全国青年优秀工艺美术家，福建省工艺美术大师，福建省陶瓷艺术大师，福建省非物质文化遗产（德化瓷烧制技艺）传承人。现任福建省德化县泰峰瓷坊董事长兼艺术总监。

许瑞卿－许兴泰次子。1975年生，擅长观音、仕女等传统题材的瓷塑创作。许氏瓷塑第六代传人，高级工艺美术师，福建省工艺美术名人，福建省陶瓷艺术大师。

第五届中国工艺美术大师

苏清河

　　1941 年生于福建省德化县，2012年逝世。高级工艺美术师，中国工艺美术大师，中国陶瓷艺术大师，国家级非物质文化遗产"德化瓷烧制技艺"代表性传承人，高级工艺美术师。享受国务院颁发的政府特殊津贴。

艺术生涯

1977 年，作品《六头雪梅茶具》《鲤跃花瓶》获福建省陶瓷工艺美术展优秀作品奖。

1984 年，《寄艳花瓶》（银丝釉）《芭蕉花瓶》（开片釉）获全国工艺美术陶瓷行业创新产品一等奖。

1992-1994 年，"莹玉红"艺术瓷系列新产品分别荣获首届"中国新产品新技术博览会"银奖及第二届、第三届"中国新产品新技术博览会"金奖。

1994 年，"莹玉红"瓷种被国家文物鉴定委员会曾土金等专家鉴定为"再现中国传统名瓷孩儿红，恢复失传陶瓷瑰宝。"

1999 年，《八寸坐岩戏珠弥勒》获中国工艺美术大师精品展金奖；《立莲观音》被国务院批准收藏于中国工艺美术馆。

2001 年，《辣椒红釉浮雕金龙花瓶》获中国工艺美术精品博览会金奖。

2002 年，《渡海戏龙弥勒》《菊魂碟》获中国工艺美术精品博览会创新艺术金奖。

2006 年，《12 寸泰国佛》被中国国家博物馆收藏。

2007 年，《坐石观音》被评为中国工艺美术珍品，收藏于中国工艺美术馆。

艺术概况

　　在人才辈出的德化陶瓷界，苏清河大师凭借 50 多载的扎实功力与科研成果"孩儿红"摘得中国工艺美术大师之桂冠，奠定了他在德化陶瓷乃至中国陶瓷史上不可磨灭的历史地位。其作品不论是雕塑作品，还是实用器皿、陈设供器，都十分注重艺术效果，釉质滋润细腻，造型精巧雅致，具有很高的艺术价值。其科研成果及作品多次荣获国家级大奖，作品被中外各大国家级博物馆及工艺美术馆广泛收藏，受到极高的赞誉。

冰清玉洁莹玉瓷 白里透粉孩儿红

　　1994 年，苏清河烧制的"莹玉红"瓷种系列，经国家文物鉴定委员会曾土金等专家鉴定为"再现中国传统名瓷孩儿红，恢复失传陶瓷瑰宝"。这一震惊业界的好消息传遍大江南北，轰动一时。

　　"孩儿红"是一种窑变瓷。即，器物在高温烧制时，由于窑内位置或温度的不同，偶尔产生特殊的气氛，窑变所致。其釉色白中蕴红，在光线下肉眼看去就像婴儿粉嫩透红的肌肤。由于其烧成工艺无法控制，且要在一定气氛下才能偶然产生，因而被世界古陶瓷界和收藏界视为稀世珍品中的极品。自清代康熙以后，"孩儿红"渐渐失传，当世只有少数博物馆收藏有这种明代德化窑的精品。清代以降，业内众专家学者倾力研究，均无法再现这一工艺。

　　苏清河通过反复试验，终于于 1994 年向世人再现传统名瓷"孩儿

■ 立古莲观音

红"，并以其"莹玉艺术陶瓷研究所"之名命名。其釉色类脂类玉，晶莹温润，用它制作的艺术瓷，格外精致迷人。

作品《立古莲观音》釉色纯净，白里透红，整体形象安然自若。观音优美的身姿、细润丰满的肌肤，微微鼓起的口唇与柔和下垂的眼睑，栩栩如生。飘逸、流畅的衣纹，不拘一法，灵活自然，不仅将衣服质地的轻薄之感真切地刻画出来，还表现出观音的慈爱和柔美气质。

此外，苏清河还用不同的配方与烧成手段制成胎体略含微红与微黄两种瓷色，微红者近似"孩儿红"，微黄者略似"象牙白"，成为莹玉系列独特的当家瓷品。"象牙白"，是一种在氧化气氛中烧成的瓷器。釉色白中泛微黄，色如象牙，极其温润，迎光照视，即使胎厚也能透明，焕发出烨烨宝气。这种瓷色蜚声海内外，被誉为"国际瓷坛上的明珠""世上独一无二的珍品"，堪称德化瓷的标签。

继承传统 精益求精

1986 年，苏清河创办了福建省首家民营陶瓷研究所——莹玉艺术陶瓷研究所并任艺术总监。在连续 58 年的从艺工作中，他不仅掌握了全面的技术技能，

■ 坐岩戏珠弥勒

通晓瓷泥配方,釉水研制,稀土及化工原料在陶瓷工艺上的应用,而且在瓷塑与造型设计方面都有自己的独创。他设计制作的各款式的观音、弥勒、香炉、花瓶等优秀传统题材的瓷塑与器皿,以及用金丝釉、银丝釉、开片釉、流动釉与稀土制作的各款式花瓶、花插、花盆等,深受国内外专家的赞誉与好评,为德化陶瓷在全世界赢得美誉锦上添花。

代表作《刘海戏蟾蜍》,造型优美,线条浑圆流畅,形态刚柔相济,生动传神,极具艺术性。以形写神,形神兼备,是常人难以企及的艺术高度,作者不仅准确地抓住了人物的外在形象特征,而且深刻地反映了人物的内在精神气质。作品尤重人物五官神态表情的塑造:只见刘海笑容满面,披衣袒胸、赤足交脚坐于浪花座上,正逗弄一只三足金蟾,神态憨厚,妙趣横生。整体形象繁而不琐,构图严谨,活泼大方,达到了造型艺术的协调与统一。

■ 刘海戏蟾蜍

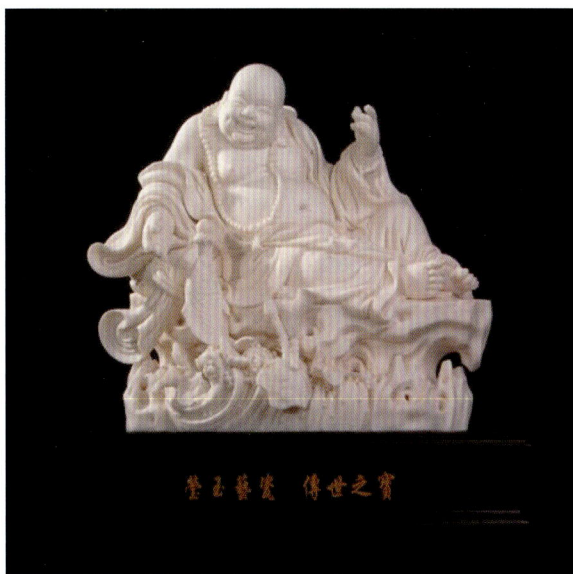

■ 坐岩戏鱼弥勒

作为"德化瓷烧制技艺"传承人，苏清河大师在瓷塑的路上走了半个多世纪。从早年师从瓷雕名师苏勤明及雕塑家许光益，后历任县内外多家瓷厂技术员、技术厂长，再到创办福建省第一家民营陶瓷研究所，他始终兢兢业业，专注于陶瓷技术与创作的研究与实践。他的作品，融合了佛教、美学、历史、传说等民族文化精髓，成为中国最宝贵的文化遗产之一。

艺术传承

苏友德－苏清河之子。1973 年生，擅长传统神佛人物及现代作品的设计与制作。高级工艺美术师，福建省工艺美术大师，中国工业设计协会会员，工艺美术学会、协会会员，福建省陶瓷专业委员会委员，莹玉艺术陶瓷研究所（2010 年为德化县苏清河艺瓷苑）所长兼艺术总监。

苏爱芬－苏清河之女。1975 年生，擅长莹玉红瓷弥勒、观音、仿古梅花杯等各种传统题材的创作。泉州市工艺美术大师，苏清河艺瓷苑陶瓷工艺美术设计师。

177

柯宏荣

1962年生于福建省德化县。高级工艺美术师，中国工艺美术大师，中国工艺美术协会陶瓷专业委员会副会长，福建省政协委员。享受国务院颁发的政府特殊津贴。

艺术生涯

1990年，作品《广陵散》获全国陶瓷艺术创作设计赛一等奖。

1994年，《蒲松龄》《木兰卸妆》分别获第五届全国陶瓷艺术创新设计赛一、二等奖。

1995年，《变色鱼瓶》系列产品获首届中国科技之光博览会金奖，《永恒的奉献》《动力源泉》被国家选送参加日本美浓国际陶瓷大奖赛及国际陶瓷展。

2000年，《天鹅湖》获中国国家级工艺美术大师精品博览会金奖。

2002年，《老子》获福建省工艺美术精品"争艳杯"金奖。

2003年，《秦始皇》获中国陶瓷艺术展中陶杯大师作品特别荣誉奖。

2006-2009年，《月牙泉》《易水歌》获中国工艺美术"百花杯"金奖。

2010年，《李白——塞下曲》获首届中国历史名瓷烧制技艺大赛金奖。

2011年，《听涛》获首届"东方明珠杯"全国工艺美术传承与创新优秀作品评选特别荣誉奖。

艺术概况

　　柯宏荣大师的陶瓷作品以瓷塑设计见长，作品风格单纯明朗，以有别于德化传统神佛观音造像的、极具现代感的瓷塑作品征服了德化瓷坛，成为德化陶瓷领域最年轻、最具潜力的中国工艺美术大师。如一缕清风般，他的作品与创作理念掀起德化瓷塑艺术的现代之风。

单纯明朗的瓷塑艺术

　　瓷塑和雕塑一样，是一种特殊的艺术形式，有其自身的艺术语言、艺术内涵和美学魅力。它的造型不适宜于表现众多的人物、复杂的情节、丰富的生活以及巨大的场景，而以表现单纯的形象见长。在单纯的关系中寄寓着深刻，在简洁中蕴含着艺术家丰富的思想、品质和审美情感。

　　"捏""塑""雕""刻""镂""推""接""修"，是陶瓷雕塑的最基本技法，柯宏荣在此基础上吸收现代雕塑抽象的表现手法，创作出一系列令人耳目一新的作品。作品风格单纯、明朗，用简单而关键的线条表现豪放、饱满的气质，写实与写意相结合，传神地表达作品的思想内涵。

■ 天 问

179

代表作品《天问》选用纹片瓷材质，塑造了浪漫主义悲情诗人屈原的形象。作品中的屈原，仰天长啸，双手张开伸向苍穹，单薄而无力的身躯与筋骨嶙峋的手指形成鲜明对比，强烈地表现出屈原内心的愤懑与满腔的爱国情怀。作品用写意的手法，一气呵成，手法简洁，意象凝练，气势恢宏，意境深邃，展现了屈原浓烈的爱国情怀。

人们常用"静止的舞蹈"这句话来形容雕塑作品。柯宏荣反用静的雕塑来表现舞蹈动的特性，表达舞蹈的节奏、韵律与情态，使人们在欣赏雕塑作品时也深化了对舞蹈作品的理解。作品《天鹅湖》以俄国芭蕾舞名剧的情景为原型，表现芭蕾舞者起舞的景象。以高白瓷泥为原料，运用薄胎制瓷技法，突出呈现裙衫薄净的质感，光照通透、微泛象牙白色。作品以其独特的形式美演绎了古典芭蕾的高贵与优雅。

■ 天鹅湖

■ 老子

瓷坛艺侣 荣玉瓷作

在德化陶瓷界，柯宏荣及其夫人陈桂玉被誉为瓷坛艺侣，两人在陶瓷创作的理论与实践上互相探讨、切磋，在互相激励下，柯宏荣的艺术表现手法和工艺不断提高，作品屡获嘉奖，被国内外知名博物馆及私人典藏。作品《老子》采用柏纹瓷塑造身体，填以紫色的稀土，暗喻紫气东来、道法自然。作品造型优美，线条流畅，精雕细刻，形神兼备，形象与自然融为一体。

1993 年，柯宏荣创立宏益陶瓷雕塑研究所，不但从事艺术创作，而且招收一批工艺美术师进行中高端产品的研发设计，以满足不同层次的客户需求。研究所生产的高档陶瓷艺术品、工艺品，中高档的花瓶摆件、特色茶具，礼品等产品远销国内外市场，尤其饮誉东南亚，为德化创造了巨大的经济效益与社会效益。

一路走来，柯宏荣获得无数成绩和荣誉。自 1983 年以来，他的作品先后获省、国家、国际级大奖 60 多个，多件作品被中国历史博物馆、北京故宫博物院等权威典藏机构收藏。1999 年，《九歌·山鬼》被中国工艺美术珍宝馆收藏。2000 年，《长相依》《苏武牧羊》被中国历史博物馆收藏。2007 年，《天问》《二娇》被中国美术馆收藏。2013 年，《地藏菩萨》《披坐观音》及《苏武牧羊》被北京故宫博物院收藏。这些成就，不仅奠定了他在陶瓷领域如日中天的地位，也为中华儿女留下宝贵的文化遗产。

德化，自古以来就被誉为白瓷之都。瓷塑，作为国粹，历经千年窑火，燃烧至今。在当代的陶瓷发展中，作为新一辈陶瓷艺术家中的佼佼者，柯宏荣将德化陶瓷从"传统"引入"现代"，他用自己独特的创作理念与表达方式为德化陶瓷注入新鲜血液。作为陶瓷界的中流砥柱，他不断地将德化陶瓷推向新的高峰。

德化窑瓷塑艺术，融合了中华民族的审美文化和淳朴美好的思想感情，是千古不朽、历久弥珍的文化瑰宝。它始终以长盛不衰的生命力，在世界陶瓷史上永放光辉。

瓷塑 中国工艺美术大师 柯宏荣

181

■ 地藏菩萨

艺术传承

柯泳丽－柯宏荣之女。1986 年生，2007 年毕业于集美大学，擅长德化窑人物
　　雕塑设计制作。工艺美术师，中国工艺美术学会会员，德化宏益陶瓷
　　雕塑研究所所长。

林仕元

　　1945年生于福建省福安市。高级工艺美术师，中国工艺美术大师，国家级非物质文化遗产"畲族银器制作工艺"代表性传承人。

艺术生涯

2004年，作品《鼎盛中华》获"中国民间文艺山花奖"民间工艺银奖。《金龙戏珠》在第三届中国国际民博会暨第二届中华（天津）民间艺术精品博览会获金奖。

2007年，《龙腾五洲》获福建省民间艺术珍品展金奖。

2009年，《金陵十二钗》获福建省工艺美术精品"争艳杯"大赛金奖、中国东阳木雕竹编工艺美术博览会金奖、中国工艺美术大师精品展特别金奖。《十八罗汉》获首届中国莆田佛教文化用品博览会金奖。

2010年，《金陵十二钗》获中国（莆田）海峡工艺品博览会金奖、中国工艺美术"百花奖"金奖。《和谐家园》获中国（东阳）木雕竹编及其他工艺美术优秀作品博览会金奖。《天龙献瑞壶》获中国（东阳）木雕竹编及其他工艺美术优秀作品博览会金奖。

2011年，《畲族凤冠》《鼎盛中华》被中国工艺美术馆收藏。《八桃五蝠盘》获中国工艺美术"百花奖"金奖。

2012年，《鼎盛中华》获中国（莆田）海峡工艺品博览会金奖。

艺术概况

在八闽工艺史上，林仕元大师是唯一以银雕著称于世的中国工艺美术大师。林仕元深耕银雕行业数十载，不仅总结归纳了畲族银雕技法，而且投身于畲族银雕的传承发展事业，为畲族银器的发展传承培养人才。以他为首的"珍华堂银雕工艺"入选首批《福建省非物质文化遗产名录》，肯定了畲族银器的历史地位和文化价值，为发扬畲族银器产业作出巨大贡献。

师出名门 独辟蹊径

畲族银雕历史悠久，以"操、凿、起、解、披"五大核心工艺为特征，融合平雕、浮雕、圆雕和镂空雕等雕刻技艺。林仕元的作品主要以畲族文化为基础，以畲族器物的传统造型和各类纹饰集花手法为体征。在煅制、造型、纹样、工具和工艺技术等方面独具匠心，代表了畲族民间金属工艺的最高水平，在中国银器制作行业中占有重要席位。

■ 千锤百炼壶

林仕元的银雕技法，上溯至元代宫廷银雕巨匠朱碧山。清朝中叶，"珍华堂"先辈叶长青师从朱碧山传人，融合当地畲族银雕技法，开设银铺，服务畲民。1972年，林仕元师从叶氏名匠叶如发，脱颖而出成为"珍华堂"畲族银雕技艺传承者中的佼佼者，随后还成为叶氏的乘龙快婿。林仕元笑称："通过几年勤学苦练，这些银雕基本技艺我都非常娴熟，可能我的勤奋与刻苦赢得叶老的欣赏，后来他还把宝贝女儿嫁给我。"

在继承传统精粹的基础上，林仕元不断创新技术、另辟蹊径，30多年苦心钻研、精益求精，创作了一系列脍炙人口的作品。其作品不仅蕴含元代银雕造型新巧独特的风格，而且充分体现畲族的传统审美观念。代表作品《南海观音》，做工精细、造型巧妙、表现力强等特征，颇具朱碧山作品之韵味，又饱含了畲族文化纯朴、粗犷、自然而神秘的文化内涵。

在工艺的表现形式上，林仕元强调美感与技艺的高度融合。如在提高作品表现力方面，通过银料纯度和银坯厚度的控制，极大提升银料的延展性；在银器表面光亮度处理和保洁方面始终不使用化学剂，而采用独门秘方工艺，使银器保持天然色泽，起到防氧化、防腐蚀的作用。在工具设计上，采用特制的工具，如束錾、退錾，以及制作畲族"山哈带"银饰品中采用的踏錾、丝錾等，以处理造型和图案成型，以更好地表现畲族审美观念的线条花样等。

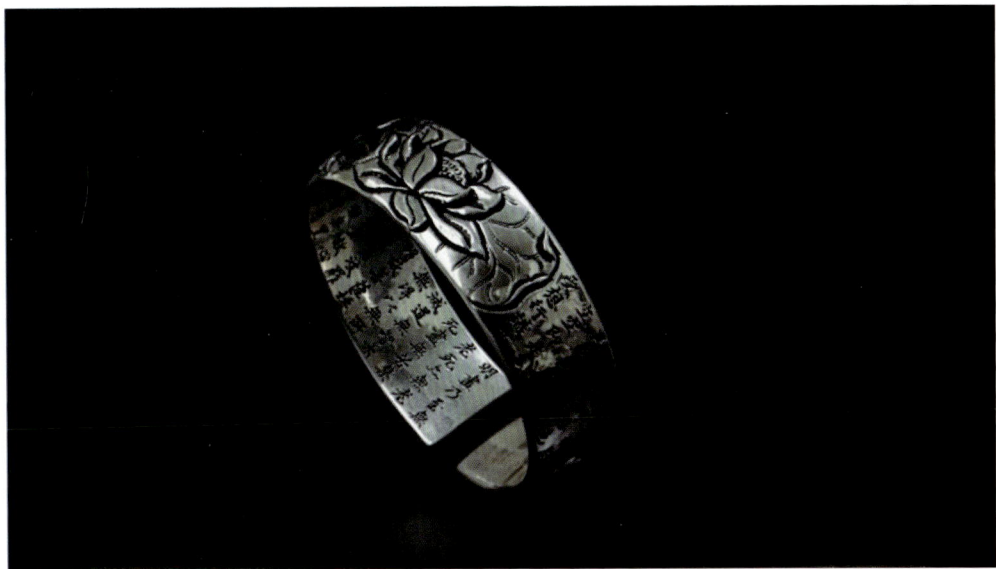

■ 心经手镯

185

此外，林仕元还设计制作了一系列首饰，如凤冠、银钗、手镯、银锁等。不同的银饰，设计装点不同的造型、图案，蕴含着不同的寓意和祝福。如缀在银钗钗头的双鱼，左右摆动，寓意年年有余。作品《心经手镯》，外浮雕莲花、内刻心经，寓意众生的清净自性。

畲族银雕的传承事业

2005 年，福安银器制作工艺入选首批《福建省非物质文化遗产名录》，为了让这一文化遗产承传不息，以林仕元为首的珍华堂银雕艺人在继承传统银雕技法的基础上，不断挖掘创新，赋予传统畲族银饰新生命力。2010 年 9 月，珍华堂挂牌成立福建省唯一一家"畲族银器技术研究所"，致力于研发畲族银器制作工艺，开展畲族银器文化教育。同年，他还牵头编写制订了福安市《畲族银器联盟标准》，作为畲族银雕交货、检验、质量仲裁的依据，对畲族银雕产品质量进行把关，使畲族银饰传承光大、声名远扬。

操、凿、起、解、披，精雕细琢间，一件件饱含着畲家人智慧，蕴含畲族传统银雕精湛技艺的银雕作品，在珍华堂艺人手中脱颖而出、光彩夺目。目前，珍华堂艺人们正着手构思创作全新银雕作品《清明上河图》，再展畲族传统银雕技术新风采。

多年来，为解决福安银雕技艺的传承问题，林仕元积极投身于畲族银雕的传承事业。早期，他以开银铺的方式，一边营生，一边通过手把手"传、帮、带"，培养徒弟。2008 年后，他通过与福安职业技术学院联合办学，开设银雕专业班与特教班，大力推广畲族银雕技艺，他还以公司工厂为实践基地，让学生们上手练习。这一系列作为，极大地提高

■ 鱼跃吹笛

了畲族银器人才的文化素养和制作技艺，为保护畲族文化和完善畲族银器技艺贡献巨大的力量。

在近40年的银雕生涯中，林仕元除了注重为艺术延续培养传人，还不忘热心公益，回报社会。为帮助经济滞后的山里娃上学，他将省慈善总会、省民政厅举办的"省民间艺术家助养百名孤儿"资助活动引回了闽东，并带头认养了五名孤儿，帮助他们完成学业。他还参加由福建省儿童基金会举办的"海西爱心涌动"助学春蕾圆梦捐助贫困儿童民间艺术品义拍活动中，捐赠了银雕作品《状元牌》《三层八卦牌》等。

近年来，林仕元还积极参加厦门、北京、深圳、上海以及香港、台湾等地的贸易洽谈会、博览会，积极宣传畲族银器文化，使畲族银器声名远播，享誉海内外。特别是2009年参加的全球最大礼品展——香港礼品及赠品展，林仕元大师代表福建省政府到香港宣传畲族银饰文化，主要展示手工畲族银饰、首饰、茶具等产品，获得国内外客商的亲睐。参展的畲族银雕作品《畲·凤凰银饰》受到福建省委领导及台湾台中县有关人士的高度赞赏。

林仕元大师的艺术成就和行业贡献深受世人敬仰与尊崇，他的作品《金陵十二钗》《龙腾五洲》曾获得国家领导人习近平、贾庆林、刘延东、柬埔寨国王诺罗敦·西哈莫尼等的肯定与好评，为八闽工艺增光添彩。在工艺的传承方面，林仕元积极传承畲族银雕事业，为闽东文化产业和民族事业发展作出了突出贡献，功不可没。

艺术传承

林伟星 – 林仕元之子。1979年生，1999年毕业于深圳深达专修学院，擅长平面设计及银雕工艺。福建省青年民间工艺美术大师，福建省工艺美术名人，福安市第六届优秀青年人才。现任福建省珍华堂工艺品有限公司董事长。

王　琪 – 林仕元徒弟。1984年生，擅长贵金属首饰手工制作。工艺美术员，现任林仕元大师工作室组长。

余　智 – 林仕元徒弟。1982年生，擅长贵金属首饰手工制作。工艺美术员，现任林仕元大师工作室副组长。

海峡瑰宝——

台湾工艺美术大师

第一届台湾工艺成就奖[1]

王清霜

1922 年生于台湾台中县。台湾工艺成就奖获得者，第二届台湾"重要传统技术'传统漆艺'保存者"。

艺术生涯

1991 年，作品《雄狮》参加台湾省立美术馆"台湾工艺——从传统到创新"展览。用"高莳绘"技法创作《庭院孔雀》。

1992 年，创作《辟邪》，于 1997 年参加日本明治神宫"漆之美展"获特别奖。

2001 年，先后创作《聆听孔雀》《双鸟·木棉花》《丰收》《光华》等作品。

2003 年，创作《凝香》《吉鸡》《秋菊盒》等作品。

2004 年，创作《鹌鹑》《松鹤延年》等作品。

2005 年，创作《磁州窑》《周铜器物》等作品。

2006 年，创作《玉山》《秋枫》《寰宇之谜》等作品。

2007 年，创作《碧波泛金光》《黄山奇景》《宏村古色》《蝴蝶兰》等作品，其中《蝴蝶兰》为王清霜近年少见的胶彩画。

2008 年，创作《吴哥窟》《月下凝香》等作品，率领黄丽淑、王贤志、王贤民修整完成《天人合一》大壁画。

2009 年，创作《秋熟》《锦鲤》《杵歌》等作品。

2010 年，创作《排湾族少女》《早春》等作品。

---

[1] 台湾工艺成就奖：即"国家工艺成就奖"，为行文方便，本书统一称为"台湾工艺成就奖"。该奖项由台湾工艺研究发展中心从 2007 年开始评选，评选出所有工艺门类中最具行业影响力与社会影响力的工艺师。每年仅评一位，影响力颇高。

艺术概况

　　王清霜大师的漆艺生涯被称为"没有弯路的人生"。其漆艺作品以细腻的笔触、精准的设色水平、深厚的创作功力展现出浓郁的艺术气息。王清霜将传统漆器工艺之法度与现代审美之理念相结合，认为工艺品的终极目的不仅在于艺术层次上的追求，而是真正深入大众的生活，实现"艺术生活化、生活艺术化"。

　　1937年，王清霜考入台中工艺专修学校漆工科，学习漆工艺。在山中公校长的推荐下，他进入东京美术学校（现东京艺术大学）学习漆艺，拜师日本文部省指定漆艺"人间国宝"河面东山、日本石川县立工艺学校校长羽野祯三、著名艺术家和田三造等人门下。在日五年，王清霜不仅掌握了精湛的技艺，而且更新了观念。他意识到，"漆工"不再是单纯的技术，而是具有深刻内涵与丰富生命力的独特艺术。

■ 月下凝香

从日本学成归台后，王清霜以饱满的热情与精湛的技艺回馈桑梓。他任教母校，培育人才；创办工厂，贡献社会；开发产品，推动台湾漆器市场的发展。1959 年起，王清霜从台湾手工业推广中心退休，创设"美研工艺公司"，致力于公司的经营、漆艺产品的创新、设计、开发以及"生活工艺"理念的实践。1971 年，王清霜率先从日本引进尿素成型技术，采用油压机制造胎体，木胎改为硬质塑胶体，器皿的涂装涂料采用较方便的腰果漆，器皿外表上的手工描绘改采网版印刷的方式，是台湾近代工业产业经营的成功典范。

90 年代以后，王清霜侧重于艺术创作，创作了一系列令人惊叹、值得珍藏的艺术品。代表作《月下凝香》用高莳绘技法表现昙花怒放的场景，作品中两朵盛开的洁白昙花，以洒金饰丸银表现其色泽与质感，红色花苞撒施干漆粉，叶片撒施丸金，精美绝伦，巧夺天工。

2007 年，王清霜大师获颁第一届台湾工艺成就奖，台湾"行政院文建会"副主任委员洪庆峰转述评审团评语："投入漆工艺七十寒暑，贡献卓著，工艺成就非凡，时绘技法细腻写实，技巧卓越，'国内'首屈一指。"

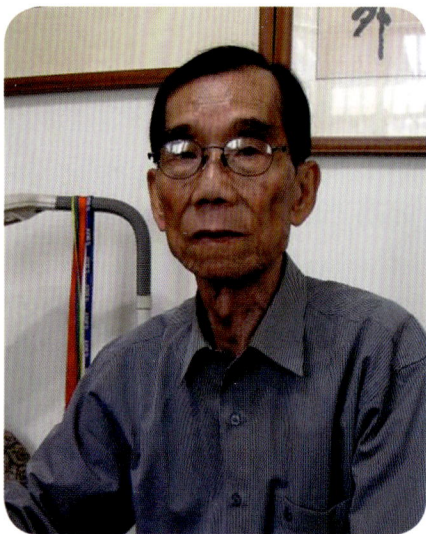

黄涂山

1926 年生于台湾南投县。台湾工艺成就奖获得者，第二届台湾"重要传统艺术'竹编工艺'保存者"，台湾"教育部"民族艺术薪传奖，台湾"教育部"第二届重要民族艺术艺师，"台湾工艺之家"会员。

艺术生涯

1996 年，创作《套色纹饰花器》，用七彩的竹条编织出山道纹饰，有西洋画的立体切割色块之韵味。

1997 年，创作《梅花纹花器》，运用单轮口配合菊花纹的编法，具花团锦簇的效果，典藏于台湾工艺研究发展中心。

1997 年，创作《风车花卷藤花器》，整体造型蕴含中华文化中方圆的意涵，圆口、方形提梁，秩序化的编织，整体视觉端庄典雅。

2000 年，创作《平竹间插花器》。

2002 年，创作《间插轮口纹花瓶》，竹材色泽以原色呈现，以单轮口技法及配合间插纹饰组合而成，创造出新颖具有现代感的设计线条。作品典藏于台湾工艺研究发展中心。

2004 年，创作《三角锥形花器》，典藏于台湾工艺研究发展中心。

2008 年，创作《山道纹花器》，将富有中国山水画意象特质的山道纹饰运用于竹编作品中立体呈现，彰显作品的澎湃气势。

艺术概况

黄涂山大师的竹编作品以富有创造性的立体感与巧妙精致的技艺展示出台湾现代工艺美学的诉求，是竹编织工艺中古典美学的再现。其作品的最大特色在于用竹编表现中国传统文化，将传统的竹编工艺与现代生活美学欣赏相结合，赋予简单的竹片、竹条生命力、创造力，成为生活化的艺术品，尤以表现青铜器、瓷器中的典型器物为佳。

■ 平竹矢纹花器

1957年，黄涂山受聘于台湾手工业推广中心的中部试验所，协助日本竹编专家饭塚小玕斋进行竹编产品的开发研究计划。半年的合作经验对黄涂山竹编织的研发产生深刻的影响，除了更加注重基本功夫的养成，亦培养出研究、开发新产品的开创精神。

代表作《平竹矢纹花器》运用平竹矢纹装饰，以巧妙而精致的布局表现汉代铜锺（酒器）的器型。尤值一提的是，铜器本身的细部纹饰也能用不同材料的竹片和编织手法体现出来。粗细竹篾之纹理，产生强烈的对比美感，立面的纹理表达极具立体效果，兼具青铜器庄严、厚重的感觉，涂装施彩使之更具铜色，令人折服。黄涂山还擅用不同色彩的竹料编织具有西洋铜版画韵味的作品，设计新颖、线条流畅、纹饰精美、手工细致，典雅瑰丽。

竹，具有光滑坚韧、纹理通直的特点。黄涂山认为，了解竹材，才能掌握竹的特性与技巧。"必须从最基本的剖竹篾开始学起，要剖出一手好的竹篾，需要长时间反复练习，才能真正了解竹的特性与竹篾大小对于竹编成品的美观及需求。"

在与竹的长期沟通中，黄涂山的每一件作品都看似简单却细致有加，其作品既继承了中国传统文化古典端庄的器型特点，又融入现代审美追求个性的元素，将竹性、竹艺发挥得淋漓尽致、惟妙惟肖。

在竹编技艺的传承保护上，黄涂山60余年坚持创作的技艺精神不曾间断，用一辈子心力书写了一段与竹结缘的"经纬人生"。对于后辈亦毫不藏私，戮力尽传绝学，培育竹艺技术人才无数，奠定了黄涂山大师为台湾竹艺产业令人敬佩的宗师地位。

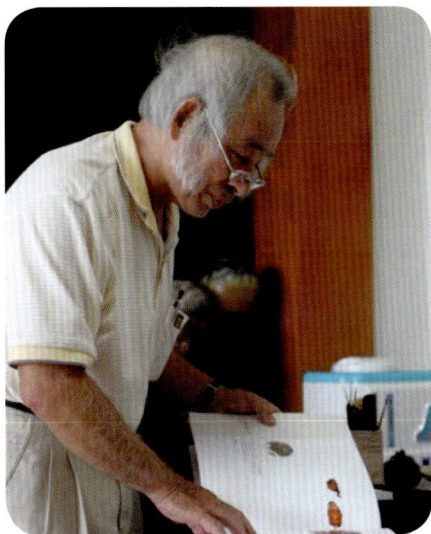

第三届台湾工艺成就奖

施镇洋

　　1946 年生于台湾彰化县。台湾工艺成就奖获得者，第三届台湾"重要传统艺术'传统木雕'保存者"，第八届台湾"教育部民族艺术薪传奖"获得者。

艺术生涯

1986 年，作品《鹿苑长春》《鲤跃龙门》《忠孝》《竹雕对联》典藏于台湾博物馆。

1991 年，参加台湾省立美术馆主办"台湾工艺展/从传统到创新"木雕作品展览。

1993 年，参加台湾省立美术馆主办"台北国际传统工艺大展——当代优秀工艺家作品展"。

1994 年，参加台北中正艺廊"薪传十年"薪传奖工艺类得主联展。

1995 年，参加台湾"教育厅"主办台湾当代木雕艺术巡回展。

1997 年，参加"行政院文建会"主办美国纽约虎年特展。

1998 年，参加巴黎新闻文化中心虎年特展。

1999 年，参加台湾"总统府"美化空间展览。

2004 年，参加由"文建会"主办的巴黎新闻文化中心"神与艺之舞"特展。

2007 年，参加台湾传统艺术中心年度台湾木艺大展。

2009 年，参加"行政院文建会"文化资产总管理处筹备处"台湾无形文化资产特展"。

2010 年，参加三义木雕博物馆"国际木雕艺术交流展"。《首》《四季六屏》《超登采石》《竹雕对联》典藏于台湾工艺研究发展中心。

艺术概况

作为闽南传统工艺的承接者，台湾木雕在文化元素及技法方面传习了中国传统的木雕技艺。施镇洋大师的木雕作品继承了泉派雕刻技法，不仅擅长浮雕挂版、镂空透雕挂版，而且精于寺庙、祠堂的木雕制作，取材丰富，尤好选取传统文化元素，极为重视传统中的吉祥意涵，成为台湾木雕界的泰山北斗。

1982 年，施镇洋应邀参加鹿港国际青年商会举办的台湾民俗才艺活动，从此开启独立艺术创作生涯。他的艺术作品偏爱保留木材天然形成的形象美感，不仅融入现代元素，也饱含传统艺术的典雅本质。

施镇洋对其艺术创作过程有这样的见地："从传统木雕的角度看，这不是全然由人工雕琢、形成的作品，我只是帮木材找到了她最美的姿态和容颜，然后尊重她的自我，只尝试着些许的修饰与整理。从某个角度看，这样的工作心态，对于作品来说，匠人不再是造物主，只是一个谦虚的化妆师。"

现藏于厦门市海峡文化艺术品保护基金会的浮雕挂版《荷塘

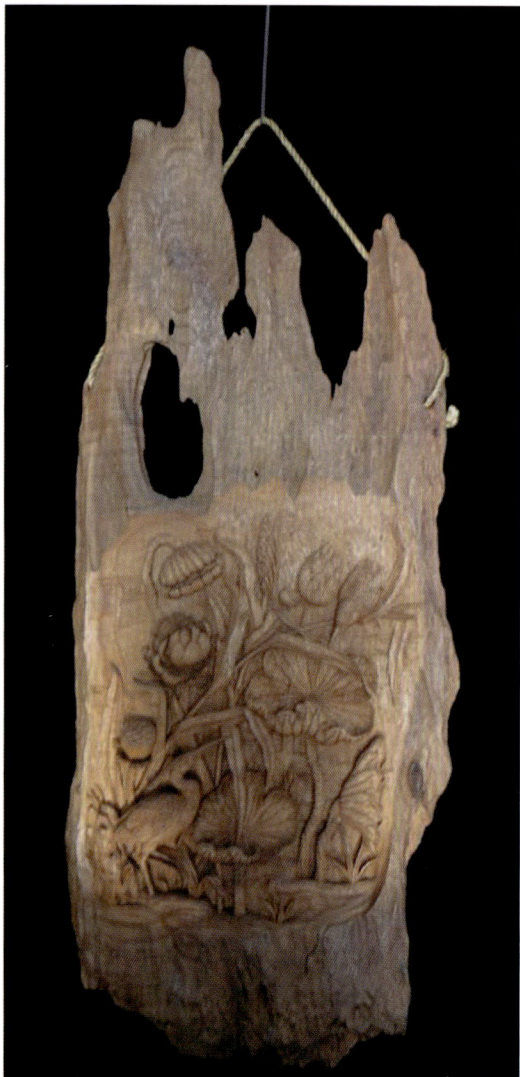

■ 荷塘清趣

现藏于厦门市海峡文化艺术品保护基金会

清趣》，为牛樟雕刻的代表。牛樟是台湾特有的樟科树种，现已被台湾列为"保育类一级国宝林木"，机理细腻柔韧，纤维综合交织，尤其适宜雕刻。在施镇洋的眼中，"化腐朽为神奇是木雕最愉悦的时刻，白鹭、翠鸟是荷间的食客，含苞、盛开莲蓬，卷曲嫩叶、全开壮叶、老残的破叶，都象征着植物生生不息。芦苇点缀其中，'一路连科'也好，'渔翁得利'也好，都不如夏日里飘香的凉风。"

　　施镇洋大师的艺术成就，可谓台湾战后时代的代表，他展示了现代人投身传统工艺的勇气，其意义在于使众人坚信大家都能接受传统工艺。他引领和启发更多的青年后辈投身传统工艺的研究与承袭中来。如今，已逾七旬的施镇洋依然奔波于各个高校及文化机构讲习、授课，乐此不疲。他的艺术生涯也成为台湾传统木雕向现代木雕艺术发展的缩影。

第四届台湾工艺成就奖

苏世雄

1935 年生于台湾台南市。台湾工艺成就奖获得者，"行政院文建会"资深文化人，高雄市立历史博物馆典藏委员，台湾工艺奖[1] 评审委员，台湾历史博物馆文物审查委员，高雄市传统艺术审议委员会委员。

艺术生涯

1994 年，作品《雕釉黄底花卉纹小口大瓶》获"和成文教基金会"第三届陶艺金陶奖银奖并典藏。

1995 年，《雕釉团花纹大盘》获第四届民族工艺奖陶艺类二等奖。

1997 年，《雕釉黄底斑纹角瓶》入选新西兰富立采（Fletcher）国际陶瓷大赛。《雕釉绿底圆点纹小口瓶》典藏于高雄市科博馆。《雕釉绿底叶纹小口罐》典藏于台中县立文化中心。

2001 年，《雕釉马纹圆腹罐》典藏于私立首府大学。

2005 年，参加国际陶艺交流展"千年窑火联展"。

2006 年，参加台湾历史博物馆"2006 台湾陶瓷邀请展"。参加高雄市立美术馆"美术高雄 2006——高雄陶"联展。

2008 年，参加台湾传统艺术总处"台湾雕塑大展"。

2009 年，参加台北福华师大艺廊"半世纪艺友联谊展"。

---

[1]　台湾工艺奖：即"国家工艺奖"，为行文方便，本书统一称为"台湾工艺奖"。

艺术概况

现已耄耋之年的苏世雄大师，从事陶瓷工艺创作已数十年。他独创陶瓷"雕釉"技法，风格独特、技艺超群，将中国陶瓷技艺再一次向前推进，举世瞩目。

雕釉，顾名思义即在陶瓷器的釉上雕刻图案以表现作品的艺术性。这种雕釉技法极具挑战性，首先要以手拉坯成型，经800℃素烧以后，依照图案设计的色彩，层层上釉，之后再依照设计的图案，层层剔釉，雕出设计的图案，最后入窑烧制而成。因釉料多达六七层，且需烧至1230℃，耗时15小时以上，工序繁复，技术困难，稍有不慎便会前功尽弃，能够烧制成型，实属不易。苏世雄平均每年的作品不超过30件，而每一件作品的设计都不尽相同，更显其弥足珍贵。

在瓷器的釉层上做文章以增添其艺术性的技法在我国的宋代就已出现，典型的代表是宋、金、元时期的剔花技法，"留花剔底"或"留底剔花"，或者"剔釉"。但当时只是在单层的釉彩上打磨、刻划，以

■ 雕釉蓝底缠枝花卉直瓶

现藏于厦门市海峡文化艺术品保护基金会

使纹饰具有浅浮雕的效果。苏世雄的雕釉技术将剔釉工艺向前迈进了一大步，层层叠釉，逐层雕琢，多层多色，增强了纹饰的立体效果，而且充满创意，赋予传统的器型极具现代感的视觉美感。

现藏于厦门市海峡文化艺术品保护基金会的《雕釉蓝底缠枝花卉直瓶》是苏世雄的代表性作品。器表通体施蓝釉，以下分别施黄、粉及白色釉药，以纯熟的刻花技法层层雕琢缠枝花卉纹饰。作品构图饱满，釉色繁复却又互不浸染，工艺精湛。

苏世雄说："我之喜欢做陶，或许因为做陶是一种自我的挑战，就在那失败与成功的分毫之差的边际，就在形体垮与不垮瞬间的拿捏，那就是一种做陶的魅力。"

他的作品既传承了中国古典繁复细致的图案传统，又融入了台湾四季绚烂优美的色彩；既有传统工艺讲求工法的高难度技术，又融入现代艺术表达个人感受的自由思想。绚丽、典雅、神秘、剔透，变化多样而富于质感，实为台湾陶瓷工艺的一大创举。2010 年，苏世雄荣膺台湾工艺成就奖陶艺类首奖，这一最高殊荣无疑是全台湾、全陶艺界对他一生陶艺生涯的最大肯定。

蔡荣祐

1944 年生于台湾台中县。台湾工艺成就奖获得者，高雄市立历史博物馆典藏委员，高雄市立美术馆典藏委员，台湾工艺奖评审委员，台湾陶艺学会理事长，台湾陶艺协会理事长。

艺术生涯

1977-1980 年，作品《釉彩》系列连续四年代表台湾入选意大利国际现代陶艺展。

1979 年，获台湾现代陶艺作品竞赛第二名。在台中市文化中心、台北市春之画廊举办艺术个展。

1980 年，获第 34 届全省美展美工类第一名、第九届"全国"美展佳作奖。

1980-1982 年，以连续三年获得台湾省美展的奖项荣获永久免审查之荣誉资格。

1983 年，获颁"十大杰出青年"奖。

1987 年，获颁陶艺贡献奖。

1989 年，获颁台湾历史博物馆荣誉金章。

1992 年，参加台湾美术馆"40 年来台湾陶艺研究展"。参加台湾历史博物馆"现代陶瓷国际邀请展"。

1998 年，获颁中兴文艺奖章。

1999 年，获颁台中县年度特殊贡献奖。

2004 年，获颁杰出艺文工作者奖章。

2009 年，参加"总统府"艺廊"造化·釉里乾坤"联展。参加台湾美术馆"灵光再现：台湾美展八十年"联展。

艺术概况

蔡荣祐大师是台湾现代本土化陶艺的一颗珍珠，含蓄、质朴而又不失异彩。与那些绚丽多彩的陶瓷作品相比，他的作品风格低调，造型简洁，釉彩兼备苍古与秀润，展现出朴实素雅而具有丰美内敛的人文气质。

但凡见过蔡荣祐作品的人，无不被那种朴实无华、温文尔雅的气质所打动。从名称也可窥见其作品的风格，《圆满》《耿直》《包容》等作品以传统的、再普通不过的器型，表达其温柔、亲切、沉静的艺术情感。作品用台湾最普通的陶土相互调配，以简单的罐、瓶或简单的立体几何形状的器型为表现对象，以沉稳、自然的釉色，表达温暖、淳朴的品质。

2003年，蔡荣祐的启蒙恩师邱焕堂到雾峰常住，带来许多新的材料与作法，为蔡荣祐提供了试验、突破的灵感。经过近六年的努力，"包容系列"终于创作成功。现藏于厦门市海峡文化艺术品保护基金会的《包容2008-5》是蔡荣

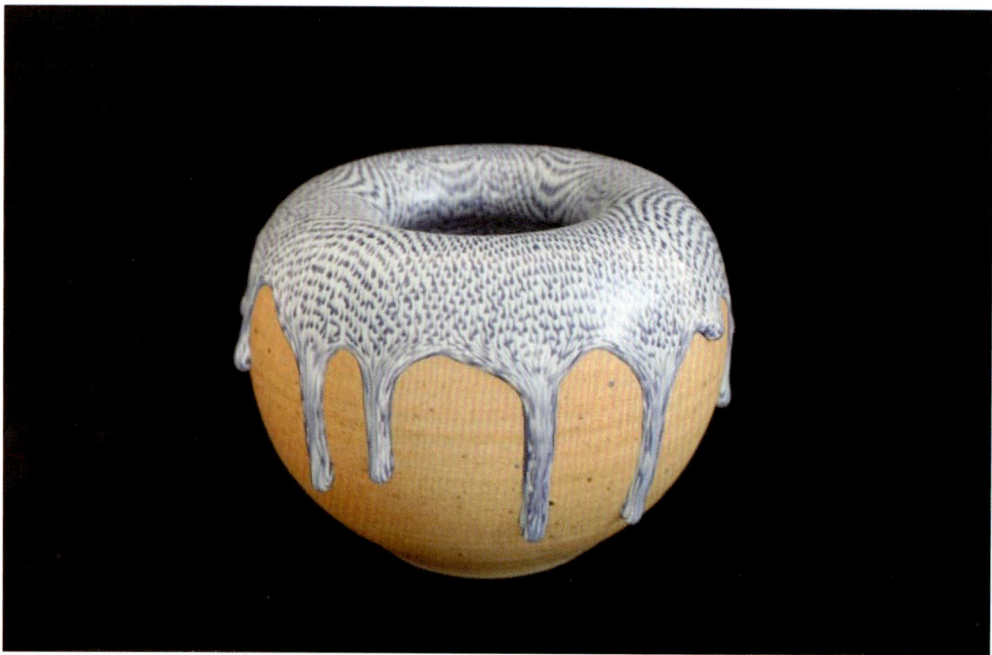

包容 2008-5

现藏于厦门市海峡文化艺术品保护基金会

祐大师2008年创作的"包容系列"代表作品之一。作品结合两种陶土，让厚厚的釉彩在高温中自然流淌，与底下包裹的质朴的陶体形成一种相互对照、又彼此包容的奇妙效果，让人一看到作品就能沉静下来，眼前掠过一片祥和、寂静的画面。

　　蔡荣祐的作品朴实、自然，造型简单却细致、富有创意，给人亲切、温暖的感受。他从日常生活中的陶罐出发，却不被传统的形体、釉彩所局限，凭借自己对艺术的理解、对生命的感悟，为台湾的现代陶艺树立了坚实的丰碑。

　　台湾成功大学历史学研究所艺术中心主任萧琼瑞评价："蔡荣祐大师是现代陶艺在战后台湾发展的一个高峰，是台湾现代陶艺本土化最耀眼的成果，也是带动台湾陶艺走向蓬勃发展的第一人。他的陶艺作品在朴实的造型中展现了最丰美动人的内蕴，捕捉了故乡泥土最美丽的容颜。"

第六届台湾工艺成就奖

陈万能

1942 年生于台湾彰化县。台湾工艺成就奖获得者，第六届台湾"重要传统艺术'传统锡艺'保存者"，第四届"民族艺术薪传奖"获得者。

艺术生涯

1988 年，作品《牛》《如意》《舞鹤图》被彰化文化中心典藏。

1989 年，全省薪传奖工艺类获奖人联展。

1990 年，应"文建会"之邀于文建艺廊举办艺术个展。

1991 年，于美国纽约中华新闻文化中心举办锡艺个展。

1993 年，《八仙》《十二圣像》等 30 件作品典藏于台湾省文献委员会。

1996–1998 年，参加美国纽约、法国巴黎中华新闻文化中心猪年特展参展。

1998 年，《十二生肖》被法国巴黎文化中心典藏。

2002 年，于高雄市立历史博物馆举办"从传统到创新——陈万能锡艺邀请展"。

2004 年，国民党主席连战首次大陆行，订购《牡丹凤凰》《双龙对瓶》《九龙方瓶》分别赠予北京大学及中央高层。

2008 年，《和平鸽》典藏香港中文大学。《牡丹凤凰》典藏于厦门大学。

2009 年，《麒麟献瑞》典藏于杭州连横纪念馆。《牡丹凰》典藏于韩国诚信女子大学。《门神·神荼·郁垒》典藏于台湾工艺研究所。

2010 年，《福虎在望》典藏于台湾博物馆。

艺术概况

陈万能大师出生于台湾鹿港的锡艺世家，深受传统文化的影响，从小投身锡器制作。他对传统工艺题材特别熟悉，对吉祥话语、民俗禁忌也有充分的掌握。其作品融合了诗、书、画，雕刻整体艺术感，充分发挥锡器断面表面的柔韧特色，达到雕刻、塑造效果，实现立体造型。

1968年起，陈万能开始尝试锡器创新，用纯锡以取代过去的锡铅合金，解决铅含量过高而导致器物氧化发黑的问题；用寿山石模具拼接和抛光，以增强器物的韧度、结晶和光泽度。这种针对锡器材质与设计方式的新方法为台湾锡艺注入新的生机，引领一股新工艺与旧题材相结合的潮流，尤其为传统庙宇锡器艺术化开拓了道路。

■ 和为贵

现藏于厦门市海峡文化艺术品保护基金会

在新工艺的推动下，陈万能对寺庙神殿上的"花瓶五赛"进行了赋予创造性的设计。"花瓶五赛"即庙宇中的一组供器，包括一对烛台、一对花瓶和一座宣炉。陈万能在传统器型的设计上融入商周酒器、礼器的造型，在磨光、抛光过程中，留下纤细的纤维发丝，质感更丰富。陈万能说："一府二鹿三艋舺，因'锡'跟'赐'同音，所以庙宇中的锡灯便有赐福、对神的虔诚，永久的纪念的寓意。"

近年来，陈万能投身于各类人物、动物题材的锡雕创作中，以写实、圆雕手法表现人物、动物的特质。现藏于厦门市海峡文化艺术品保护基金会的《和为贵》是陈万能的代表性作品之一。他用写实的方式呈现了一组正在哺食的鸽子，栩栩如生，艺术性极强。鸽子通体以银白色的纯锡制成，纯锡结晶成鸡丝状，以锡片冷锻塑性、焊接。作品表面除呈现细致纹理，更有宛如银白月光的光泽。母鸽反哺的画面温馨安详，温情满满。

2005 年国民党前任主席连战赴大陆的世纪破冰之旅，便以陈万能的《牡丹凤凰》《双龙对瓶》《九龙方瓶》作为伴手礼以表深情厚意。在强调文化传承与信仰习俗的基础上，陈万能大师改变了传统锡艺刻板的印象，使之走向艺术殿堂，把传统与创新变成互相增补的一种元素，当之无愧为台湾锡工艺的巨擘。

水里蛇窑第三代窑主

林国隆

　　1958 年生于台湾南投县。水里蛇窑第三代掌门人，"台湾工艺之家"协会荣誉理事长，台湾工艺奖评审委员，中兴大学、朝阳科技大学、亚太创意技术学院副教授。

艺术生涯

1983 年，承袭水里蛇窑第三代，投入古窑振兴事业。

1999 年，获中兴文艺奖章陶艺奖。

2003 年，产品"陶瓷便当盒"获南投县南投特产首选认证及"经济部工业局"文化创意产业奖。

2005 年，获阿根廷国立米西奥内斯大学之邀演讲及陶艺示范。

2009 年，任南投"文化局"第十、十一届"玉山奖"评审委员。

2013 年，兼任台湾朝阳科技大学工业设计系副教授。

2014 年，任台湾"文化部"工艺产业职能基准建置计划委员。

艺术概况

　　作为台湾水里蛇窑的第三代掌门人，林国隆使蛇窑在传统工艺受现代新工艺大力冲击的社会环境下成功转型，走上了集教育、观光和社区发展为一体的综合性生态园区的重生之路。

　　蛇窑又名龙窑、蜈蚣窑，是我国古代陶窑的一种类型，因其状如龙、蛇或蜈蚣卧在山坡上，故名。水里蛇窑起源于1927年，是台湾现存最古老、最具传统代表性的柴烧窑，以木材为燃料，柴灰落在坯体上面，会产生丰富的色彩变化和朴拙的质感，效果为现代窑所无法取代。

　　水里蛇窑保存了南投陶业200多年来的记忆，其技法的特殊性，如传统镂空、镶嵌、化妆土、压印贴花、刮雕等，为作品创造了独特的美感。林国隆还不断钻研古法的柴烧技术，寻求技术的突破，如今已烧出专属蛇窑的独特风格。火红的痕迹、斑点落落的鱼卵、流瀑般的落灰、粉光的金银彩等，并以最简单的造型，仅为了凸显柴烧更细致的质感变化。

■ 准的境界

现藏于厦门市海峡文化艺术品保护基金会

在林国隆的辛勤耕耘下，水里蛇窑成为陶艺教学、陶瓷文化推广与社区发展的多功能综合性文化园区，朝着薪传、观光、社区的新发展方向继续努力。为了唤起人们对传统制陶技艺的重视，林国隆联合水里蛇窑陶艺文化园区两位国宝级老师傅林木仓及蒋逢荣，以传统手拉坯法的方式，制作高约6.68米的"千禧双口瓶"，缔造了吉尼斯世界纪录，从此打响了彼时已逐渐没落的水里蛇窑的知名度。

林国隆认为，陶艺是艺术，也是文化，传承与创新并重。因此在创作时选择符合时代背景的创作题材，强调实用与艺术兼具，符合生活美学的概念。现藏于厦门市海峡文化艺术品保护基金会的瓷塑作品《准的境界》，寓意达到"准的境界"是易，亦非易也。内心的一把尺，主宰着"准"的尺度，准的拿捏也成就了事后的圆满。林国隆利用流畅的线条、单纯的色系，在细部做装饰、组合，细心巧妙地表现出陶的简洁、素雅、沉稳、古朴的风格特征。

历经多年努力，林国隆不仅在作品及文创产业的经营获得各界的肯定，也为台湾的传统窑业注入一股永续发展的生命力。如今，他已是台湾文化创意产业的代表人物之一，水里蛇窑陶艺文化园区也受到国际瞩目，2008年正式申请获准加入联合国教科文组织（IAC），成为台湾对外交流的成功之作。

曾明男

1937 年生于台湾澎湖县。英国沃汉敦大学美术硕士，台湾省陶艺学会创会理事长，台湾历史博物馆金质纪念奖章获得者，第五届台湾工艺奖评审委员。

艺术生涯

1981 年，应邀参加台湾历史博物馆举办的台湾首次国际现代陶艺展《中日现代陶艺家邀请展》，作品代表台湾参加意大利"毕恩札国际陶艺展"。

1986 年，受邀参加台北故宫博物院首次展出当代作品之《当代艺术尝试展》。

1993 年，创立台湾陶艺学会。委任"行政院文建会"第二届民族工艺奖、第二届"金陶奖"、台北市第二十届美展、第五届"台湾陶艺双年展"评委。

1999 年，任第一届"国际金陶奖"咨询委员。

2000 年，担任台湾工艺研究所第八届"台湾工艺设计竞赛"、"南瀛奖"评审委员。作品《盖宝石铁红釉罐》典藏于高雄市立美术馆，《洋洋得意》典藏于高雄工艺科学博物馆，《羊家庭》典藏于台湾工艺研究所。

2001 年，《淑女》典藏于台湾美术馆。

2006 年，获台湾工艺研究所颁"工艺之家"荣衔。

2011 年，参加"台湾国际文化创意产业博览会"。

2012 年，参加"中国上海第三届国际壶艺展"。

2013 年，任台南市美术馆典藏委员，参加"中华画院艺术大展"。

艺术概况

　　曾明男大师的作品风格独特、简约洗练，有很强的标识性，辨识度很高，大多以中国文化的核心家庭伦理为中心，由"家"扩展到亲情、友情、爱情乃至对万物的爱，对宇宙的关怀。以传神的动物形象，尤其是鸡、羊、狗等为表现题材，诠释中国传统文化与台湾的特色。

　　在英国沃汉敦大学的留学经历，使得曾明男对美学有着与众不同的理解与把握。他说："美学原理由技术、艺术与科学三个要素构成。陶艺创作中，拉坯是最基础的技术，而艺术则是作品的精神内涵，若无艺术的存在，作品就只是一件简单的生活工艺品。"

　　曾明男还说，艺术家要有自己的创作风格，独一无二的风格才会有价值。他的系列作品都对这一理念进行了很好的诠释。曾明男还指出，艺术家的创作

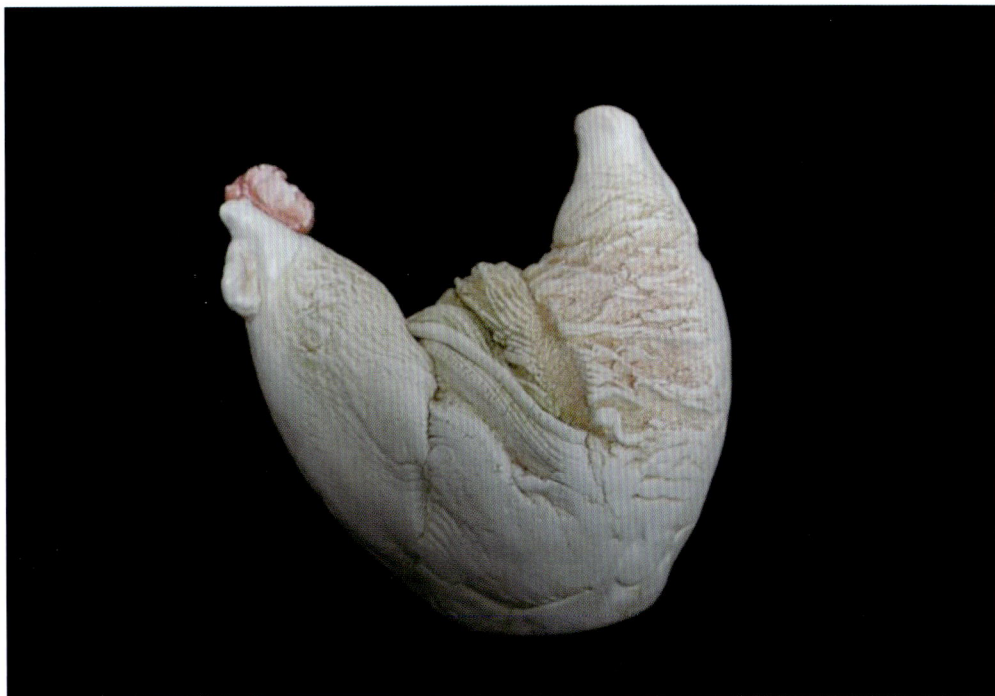

■ 起家

现藏于厦门市海峡文化艺术品保护基金会

要体现独特的个性、地域性、民族文化性与共同性。个性，指作者独到的创作思路与理念，例如其作品多以鸡、羊为题材。地域性，例如"鸡"系列作品，"鸡"闽南话谐音为"家"，且有吉祥之意，极具地域特色。民族文化性，指千年文化的累积、艺术的沉淀，要有文化性的特质，走到国际上才能同别人比；例如书法艺术即为中华民族所特有，作品《起家》背部的羽毛，就是用书法线条的方式来表现。共同性，即为时代性，这是一个高速运行的时代，因此要简洁，《起家》中的鸡是没有眼睛的。再如其创作的瓶子，几个线条、颜色就简洁地表现出来了，去芜存菁、以少表多——"精华"不是少，而是用很少表现很多。《起家》《猴家庭》是曾明男亲情题材的代表作品。其中尤以"鸡"题材的《起家》为其"四性"的集中性、代表性体现。

除了热衷于陶艺创作，曾明男还热心台湾社会本土的陶艺、陶瓷艺术等相关艺文活动的发展，热心推广台湾的艺术文化，是台湾陶艺界功不可没的艺术大师。

■ 猴家庭

现藏于厦门市海峡文化艺术品保护基金会

得闲居工作室

吴德贤

　　1947 年生于台湾南投县。曾任台湾户政事务所主任，台湾文官学院讲师，台湾"行政院"人事总处地方研习中心讲师，台湾电力公司谷关训练所讲师。

艺术生涯

1997 年，为南投县陶艺学会会员。

2006 年，于桃园中正国际机场第二航站楼举办"台湾之窗——陶刻个展"。

2007 年，举办北港朝天宫、大甲镇澜宫"王双宽暨吴德贤作品联展"。

2008 年，举办"财政部"中区"国税局""陶、竹、木、砚邀请展"。

2008 年，举办驻韩国台北代表部釜山办事处"陶、竹、木、石雕刻邀请展"。

2009 年，分别于台中县太平市户政事务所、台南市立文化中心、佛光缘美术馆（福山寺）举办"陶、竹、木、砚雕刻创作展"。

2010 年，于韩国釜山书艺双年展举办之第三回釜山国际刻字节"展出千字文陶刻作品"。于南投县集集镇公所举办"陶、竹、木、砚雕刻创作展"。

2011 年，参加陆军官校埔光美展"陶刻联展"。

2012 年，于"国防部"后备司令部、南投县南投市公所举办"陶刻特展"。于台湾"文官学院"、佛光山佛光缘美术馆总馆举办"陶、竹、木、砚邀请展"。

2013 年，于"国史馆"台湾文献馆举办"吴德贤陶竹木砚雕刻创作展"。

艺术概况

　　吴德贤大师的创作融陶艺、书法、篆刻三者为一，创作出大量集器型美、釉色美、书法美和篆刻美于一身的现代艺术品，尤以"一刀流"的陶刻功力而名扬海内外。

　　"一刀流"不同于一般的雕刻法，要求艺术家本人能以刀代笔，直接在陶器上书写文字，追求龙飞凤舞刀锋行的酣畅淋漓及陶土崩落金石味的磅礴气势，强调力与美的结合。因结合书法、雕刻及陶艺，而有"陶因字而贵，字因陶而传"之美誉。

■ 陶刻对瓶

现藏于厦门市海峡文化艺术品保护基金会

现藏于厦门市海峡文化艺术品保护基金会的《陶刻对瓶》，为第六届海峡两岸文博会上现场雕刻之作。吴德贤以其著名的"一刀流"技法，酣畅淋漓地在陶瓶上刻下了杜牧的《山行》。只见他以刀代笔，直接在陶器上刻字，不打草稿，不加修饰，一气呵成，赢得现场观众的阵阵掌声。多年的雕刻经验加上扎实的书法底子，让吴德贤的作品充满了生命力，也成为台湾少数能够结合书法、雕刻与陶艺于一身的艺术家。

《竹雕对联》以刀代笔，直接在竹片上书写文字，足见其刻功之深厚。作品构图饱满、刀工深峻、笔走龙蛇，展示出大师一流的刀功和深厚的书法功底。

修身如习艺，坚定、至诚是吴德贤的治身哲学。与人为善，乐观豁达，懂得施舍，更以化小爱为大爱的精神，推动台湾的艺术工作。除了陶刻工艺，他还学习漆艺，制作与推广南投螺溪砚，致力于台湾艺术工作的推广。此外，他还热心于推广中华传统文化，向台湾文官学院与佛光山佛光缘美术馆赠送千字文陶刻《礼运大同篇》《般若波罗密多心经》等。除了对他的作品叹为观止外，我们更佩服其用心坚持在陶刻、竹雕及石雕砚台上的独特艺术魅力，感受到大师作品融合了陶艺、书法、篆刻后的磅礴之势。

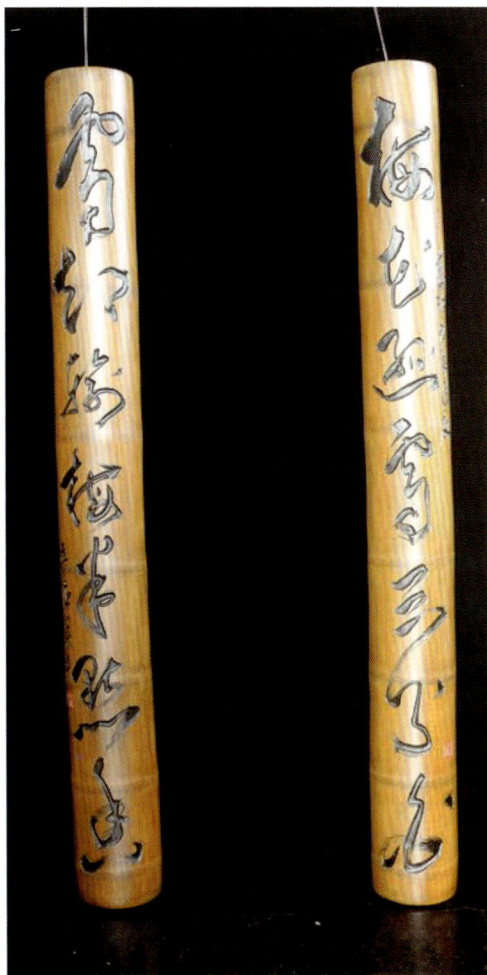

■ 竹雕对联

现藏于厦门市海峡文化艺术品保护基金会

陶刻

"中国工艺美术大师"简介

中国工艺美术大师评选始于 1979 年，至 2014 年，共进行了六届。长期以来，党中央、国务院高度重视传统工艺美术的发展。为进一步加强传统工艺美术的保护，促进繁荣发展，1997 年，国务院颁布了《传统工艺美术保护条例》，明确了对传统工艺美术实行保护、发展、提高的方针，且规定，对于符合条件且长期从事工艺美术制作的人员，国务院负责传统工艺美术保护工作的部门可以授予中国工艺美术大师称号。这是国家授予工艺美术群体的最高荣誉称号。

中国工艺美术大师评审历史沿革

据国家工业和信息化部消费品工业司处长崔桂玲介绍，中国工艺美术大师是授予国内工艺美术创作者的国家级荣誉称号。为鼓励、表彰传统工艺美术行业优秀手工艺者，以促进传统工艺美术行业的发展，原轻工业部曾先后于 1957 年、1979 年、1988 年在北京召开过三届全国工艺美术艺术、创作设计人员代表大会。在第二届、第三届代表大会上，对 96 名（第二届 34 人，第三届 62 人）技艺高超、有突出贡献的艺人和创作设计人员授予中国工艺美术大师称号（1979 年原轻工业部授予的称号是"工艺美术家"，1988 年后，称号统一规范为"中国工艺美术大师"），对 150 名优秀创作设计人员进行了表彰奖励。

在前三届全国工艺美术艺术、创作设计人员代表大会期间，党和国家领导人朱德、叶剑英、邓小平、李先念、李鹏等领导同志曾到会祝贺；朱德、李先念同志代表党中央、国务院分别在第一届、第二届代表大会上作重要讲话；李鹏同志会见了出席第三届代表大会的代表（原第二届、第三届代表大会授予大师称号的被行业称为第一届和第二届大师）。之后，原中国轻工总会又分别于 1993 年、1997 年组织了第三届、第四届中国工艺美术大师评审，对 108 位（第三届 64 人、第四届 44 人）技艺高超的工艺美术创作人员授予中国工艺美术大师称号；对 94 位优秀工艺美术专业技术人员通告表彰；1997 年，原国务院总理李鹏同志出席了颁发中国工艺美术大师证书的大会。前四届全国共评审出

附录

204 名中国工艺美术大师，对 244 名优秀工艺美术专业技术人员进行了表彰。

自 1997 年《传统工艺美术保护条例》颁布后，由于机构改革等方面原因影响，工艺美术大师评审工作未能正常进行。全国人大代表、全国政协委员都曾多次提出尽快开展第五届中国工艺美术大师评审工作的建议和提案。直到 2004 年，经过国家发改委领导批准同意，国家发改委开始着手进行第五届工艺美术大师的评审工作。通过大量调研，制定了评审办法等一系列的规范性文件。2005 年 9 月，经请示国务院，由国家发改委会同监察部、民政部、国家民委、国土资源部、财政部、人事部、文化部、国资委等九个部门成立了第五届中国工艺美术大师评审工作领导小组。2005 年 12 月下发评审通知，正式启动第五届评审工作，评选出 161 位中国工艺美术大师。2007 年 1 月召开表彰大会，第五届评审工作结束。

2011 年根据国务院颁布的《传统工艺美术保护条例》（国务院令第 217 号）规定，经国务院批准，由工业和信息化部、文化部、人力资源社会保障部会同国家民委、民政部、财政部、国土资源部、国资委八个部委和中国轻工业联合会、中国珠宝玉石首饰行业协会两个行业组织联合开展第六届中国工艺美术大师评审工作。第六届评选共产生 78 位中国工艺美术大师。

中国工艺美术大师评选工作的组织与实施

评审工作的指导思想是：以科学发展观为指导，坚持以人为本，尊重知识，尊重人才，继承、保护和发展我国传统工艺美术。通过评审活动，提高优秀传统工艺美术创作人员的社会地位，激励、引导广大传统工艺美术工作者进一步繁荣创作，传承创新，开拓市场，促进我国传统工艺美术产业健康发展。

评审工作的原则是：坚持依法行政；坚持政府主管部门组织、专家评审；坚持客观公正、科学规范。

评审工作的程序是：实行两级评审，即各省（区、市）、计划单列市和新疆生产建设兵团主管部门按照评审工作总体要求，负责本地申报者初审，择优推荐参加全国评审，评审办公室组织专家对各地推荐的申报者进行评审。

以第六届中国工艺美术大师的评选组织为例，为做好评审工作，国家成立了第六届中国工艺美术大师评审工作领导小组（以下简称领导小组），工业和信息化部为组长单位，文化部、人力资源社会保障部、中国轻工业联合会为副组长单位，国家民委、民政部、财政部、国土资源部、国资委及中国珠宝玉石首饰行业协会为成员单位。领导小组下设工作委员会，办事机构由评审工作办公室、专家委员会和监督检查组组成。

评审工作启动后，印发了《第六届中国工艺美术大师评审工作管理办法》(以下简称《评审办法》)《第六届中国工艺美术大师评审细则》(以下简称《评审细则》) 等十多个制度性文件，确保评审工作顺利开展；组建了评审专家库，充分体现专家评审的原则；组织研发了网上申报系统、评审专家随机抽取系统等评审专用软件，使申报参评、推荐专家、申报者公示、评审专家随机抽取、评审打分结果统计等工作都能够通过信息系统实现，增强了评审工作的科学性、公开性和透明性。

各省、自治区、直辖市按照《评审办法》及推荐名额要求，经认真评审后，共推荐了 245 名申报者，在工业和信息化部、文化部、人力资源社会保障部三部门 (以下简称三部门) 网站上进行了为期 20 天的资格公示。之后，从专家库中随机抽取 76 名专家，按照《评审细则》规定，对申报者作品及德艺资历进行综合评审，形成了 78 人的第六届中国工艺美术大师建议名单，在三部门网站上进行了为期 20 天的公示。最后，经领导小组审定，确定了 78 人的第六届中国工艺美术大师名单，并经领导小组成员单位会签后，由三部门于 11 月 1 日联合发布了第六届中国工艺美术大师名单公告。

2014 年 5 月 15 日，中国政府网发布《国务院关于取消和下放一批行政审批项目等事项的决定》，国务院取消和下放一批行政审批项目等事项，共计117 项。其中，在被取消的评比达标表彰项目中，"中国工艺美术大师"评选不再由工业和信息化部主办，而交由协会性质的"中国轻工业联合会"评选。

中国工艺美术大师评选标准

第一，申报范围如下：

一、传统工艺美术品种分类：工艺雕刻、工艺陶瓷、工艺印染、工艺织绣、工艺编结、工艺织毯、漆器工艺、工艺家具、金属工艺、首饰工艺、其他工艺，共十一大类。

二、列入第六届传统工艺美术大师评审的品种和技艺应符合以下条件：(1) 具有百年以上的传承历史；(2) 技艺精湛，世代相传，自成风格；(3) 以天然原材料为主，采用传统工艺和技术，作品主要以手工制作；(4) 具有鲜明的民族风格和地方特色；(5) 在国内外享有声誉。

第二，申报条件如下：

一、申报者应是上述传统工艺美术品类范围内直接从事设计并制作的人员，并同时具备以下条件：（1）爱国敬业，遵纪守法，德艺双馨，无不良信誉记录；（2）连续20年（含20年）以上从事传统工艺美术设计并制作的专业人员；（3）有丰富的创作经验和深厚的传统文化艺术修养，技艺全面而精湛，创作出色且自成风格，艺术成就为业内所公认，在国内外享有声誉；（4）在传统工艺美术的传承、发掘、保护、发展、人才培养等方面有突出贡献；（5）省级人民政府或省级行业主管部门认定的工艺美术大师称号；未开展评定省级工艺美术大师的地方，应具有省级人力资源社会保障部门按照国家统一规定评定的高级工艺美术师职称。

二、不符合上述第2项、第5项条件，但掌握独特技艺或绝技，或少数民族地区掌握濒临失传技艺的申报者，允许破格申报，但应从严掌握。

中国工艺美术大师评选工作特点

以第六届中国工艺美术大师评选为例，评审工作严格按照《评审细则》开展，充分发挥了专家的作用，加强了全过程监督，较好体现了公开、公平、公正的评审原则和要求，取得了较为满意的结果。概括来讲，分为以下四个方面：

一、建立健全组织机构，保证评审工作顺利开展

一是成立了工作委员会，具体负责评审的组织管理工作，重大事项再报请领导小组讨论确定，便于评审工作的开展。二是专门成立了专家委员会，负责制定《评审细则》等相关规定，对专家评审建议的名单进行审核，但不参与专家组的具体评审工作。三是成立了监督检查组，负责核查举报件，并对评审全过程进行监督，保证评审的公正、公平。

二、研究制定评审文件，使评审工作更加科学规范

一是制定并公布了《评审办法》，不仅使整个评审工作有据可依，也让社会广泛了解，加强监督。二是制定《第六届中国工艺美术大师评审监督管理办法》，加强对评审工作的监督，进一步保证评审工作的公正性。三是在总结历届中国工艺美术大师评审工作经验的基础上，制定了比较完整规范的《评审细则》，作为整个专家评审工作的依据，保证评审工作科学、严谨、规范。

三、充分运用信息技术手段，使评审工作更加科学准确

为保证专家抽取环节的随机性和公正性，专门委托国家级软件评估机构对"评审专家随机抽取系统"软件进行了评估。为保证专家评审分数统计的准确性，避免出现人为改动分数的情况，专门开发了评审专家评分统计软件。为保证评审作品为本人设计制作，要求各地将录制的作品现场制作影像资料随申报资料一并上报。

四、加强廉政、保密和监督工作，确保评审公平公正

领导小组自始至终非常重视廉政工作，不仅制定了规章制度，还向社会公布了举报信箱、举报电话。监督检查组作为独立的工作机构，对专家随机抽取、通知专家、专家评审等评审环节进行监督，并负责监管评审期间的所有相关文件。

评审办公室和专家委员会制定了工作守则，对参加评审工作的人员提出严格要求，所有进入评审现场的专家、工作人员均签订了承诺书和保证书，以保证评审期间的信息保密和评审公正性。同时，除参照上届做法对申报者资格进行公示外，还增加了专家评审后、领导小组审定前的公示环节。

中国工艺美术大师评选意义

通过评审活动，增强工美大师的荣誉感、责任感，提高优秀传统工艺美术工作者的社会地位，激励、引导广大传统工艺美术工作者进一步繁荣创作，传承创新，开拓市场，激发从业者工作积极性和创造性、传承技艺、稳定和扩大人才队伍、促进我国传统工艺美术产业健康发展。通过评审，促使人们重视操作能力的培养和制作水平的提高，从而促进我国技工队伍的发展、壮大。中国工艺美术大师继承和发扬了中国传统工艺理论和实践，代表了当代中国工艺美术行业中高超、精湛的技艺水平，带动和促进了中国工艺美术行业创新发展，在国内外交流合作、繁荣市场、丰富人们物质和精神生活等诸多方面产生了广泛而积极的影响。

中国工艺美术大师不仅是一个荣誉称号，更是代表了当代中国工艺美术行业中高超、精湛的技艺水平，是对中国传统工艺理论和实践的继承和发扬，是对产业发展方向的引领和开拓，是对广大从业人员积极性的带动和提高。

作为全国工艺美术界几年一度的盛事，中国工艺美术大师的评选在抢救珍稀技艺，呈现经典作品，传承民族瑰宝等方面起到了极为重要的推动作用。

参考资料：

1. 国家发展和改革委员会官网，http://www.sdpc.gov.cn/
2. 国家文化部官网，http://www.mcprc.gov.cn/
3. 国家工业和信息化部官网，http://www.miit.gov.cn/
4. 中国轻工业联合会官网，http://cnlic.clii.com.cn/
5. 崔桂玲、雍韬：《科学·严谨·公正·公平——关于第六届中国工艺美术大师评选》，《雕塑》2013 年 S1 期。
6. 李砚祖、雍韬：《科学公正 创新发展——中国工艺美术大师评选及行业发展简谈》，《雕塑》2013 年 S1 期。

"中国工艺美术大师"全国名册

第一届

1979 年，34 人（排名不分先后，以拼音为序）

陈嘉棠　陈占贵　戴清升　杜炳臣　高婉玉　郭功森　金世权　李娥英
林如奎　林廷群　林智成　刘　传　柳家奎　楼水明　陆涵生　曲熙贵
王树森　王锡良　王习三　魏聿功　翁荣标　吴可男　夏长馨　谢杏生
徐绍青　杨厚兴　杨士惠　杨应修　俞樟根　袁文蔚　张德礼　张永寿
张涌涛　周寿海

第二届

1988 年，62 人（排名不分先后，以拼音为序）

毕尚斌　蔡健生　查文生　陈端钿　陈钟鸣　房云璞　高　祥　龚玉文
顾景舟　顾文霞　黄淬锋　黄永顺　蒋再谱　黎　铿　黎仲畦　李博生
李克昌　李临潘　李占文　李宗泽　梁礼华　梁绍基　梁树英　刘富安
刘金波　卢进桥　陆光正　彭永兴　秦锡麟　任慧娴　阮文辉　施明德
孙　森　唐东全　王　林　王德伦　王殿太　王金山　王木东　王尚达
王维蕴　王仲元　蔚长海　吴　球　夏吾才让　萧海春　杨光辉　叶润周
叶玉翠　翟德寿　张东才　张松茂　张同禄　张溢棠　赵国垣　赵锡祥
周百琦　周宝庭　周泉根　朱念慈　朱子晖　庄　稼

225

第三届

1993 年，64 人（排名不分先后，以拼音为序）

常世琪　陈思碧　陈亚先　陈贻谟　崔　洁　邓文科　冯道明　冯乃藻
冯文土　傅周海　高公博　顾永骏　关宝琮　郭石林　郭效儒　郝淑萍
何　鄂　黄明章　黄时中　蒋　蓉　蒋雪英　李　进　李凯云　廖洪标
林亨云　林学善　刘家福　刘泽棉　刘宗凡　吕尧臣　梅文鼎　米振雄
倪东方　潘楚钜　宋世义　唐自强　汪士伟　汪寅仙　王恩怀　王和举
王隆夫　王少卿　王昭才　吴　川　吴松龄　徐秀棠　许兴泰　薛龙冠
薛生金　杨世昌　殷濂君　喻湘涟　曾　良　张　宇　张爱廷　张广庆
张晓飞　张心一　郑益坤　周爱珍　周道生　周金秀　周巽先　朱　枫

第四届

1997 年，44 人（排名不分先后，以拼音为序）

陈　克　次仁平措　崔学山　戴嘉林　戴荣华　德　庆　冯久和　黄松坚
嵇锡贵　江春源　金阿山　李定宁　李人帡　李玉坤　刘爱云　刘克唐
刘远长　柳成荫　卢思立　罗代奎　洛桑旺久　潘德月　强巴格桑　宋定国
苏万祥　谭泉海　王南仙　王树文　王文瑛　王耀堂　吴初伟　熊钢如
徐朝兴　徐汉棠　徐庆庚　虞金顺　袁嘉骐　张京羊　张汝财　张育贤
张志平　章永桐　赵如柏　周锦云

第五届

2006 年，161 人（排名不分先后，以拼音为序）

包英志　鲍志强　卜范增　蔡水况　柴慈继　陈阿金　陈海龙　陈明伟
陈培臣　陈少芳　陈水琴　陈文增　陈扬龙　程淑美　池家骏　储金霞
崔奇铭　单秀梅　邓　都　斗　尕　段国梁　方文桃　费宝龄　冯　杰
傅作仁　高毅进　格桑次旦　更登达吉　龚道勇　顾绍培　郭琳山　郭懋介
郭书荣　何叔水　胡　深　黄卖九　黄培中　霍铁辉　江再红　姜栓兰

姜文斌　金全才　金　文　柯愈敏　孔相卿　拉巴次仁　赖德全　赖庆国
李　艳　李昌鸿　李春珂　李继友　李菊生　李文跃　李小聪　李遊宇
梁端玉　梁中秀　林邦栋　林发述　林　飞　林福照　林汉立　林庆财
林元康　刘　雍　刘　斌　刘　炳　刘红宝　刘静兰　刘立忠　刘林阁
刘守本　刘忠荣　柳朝国　龙从发　卢光华　卢山义　路光荣　马进贵
毛正聪　孟树锋　宁勤征　牛克思　潘柏林　潘泗生　彭祖述　启　加
钱美华　饶晓晴　佘国平　时金兰　双起翔　宋建国　宋　菁　苏清河
邰长庚　邰立平　谭湘光　汤春甫　滕　腾　汪天稳　王殿祥　王笃纯
王怀俊　王坚义　王文定　王希伟　王孝诚　王芝文　王祖光　王祖伟
文乾刚　吴德升　吴锦华　吴学宝　吴元全　吴元新　吴祖赞　仵应文
西合道　夏侯文　肖剑波　熊建新　徐亚凤　薛春梅　阎仲雄　杨根连
杨克全　杨似玉　杨苏明　杨玉榕　杨　志　杨志忠　姚正华　叶水云
叶子贤　殷秀云　余福臻　余培锡　余仰贤　虞定良　袁广如　袁洪滨
张玉珍　张殿英　张民辉　张明娟　张明文　张庆明　张树珉　张铁山
张向东　郑修钤　钟连盛　周百均　周长兴　周桂珍　周金甫　朱炳仁
邹立友

第六届

2012 年 ,78 人（排名不分先后，以拼音为序）
白静宜　曹加勇　曹亚麟　曹志涛　陈礼忠　陈文斌　陈益晶　陈毅谦
崔　磊　邓友谱　冯宇平　付国顺　甘而可　辜柳希　何福礼　洪新华
黄丽娟　黄泉福　黄小明　焦宝林　柯宏荣　李得浓　李凤荣　李一新
李竹玲　利成世　梁佩阳　林观博　林仕元　刘嘉峰　刘同保　刘　伟
柳建新　陆莲莲　吕　存　罗布占堆　罗　海　孟德芝　娘　本　邱　含
沈建元　沈新培　石　飚　田健桥　童永全　王笃芳　王光明　王国利
王　鹏　王树昌　王素花　翁耀祥　邬建美　吴通英　谢　华　邢伟中
熊声贵　徐经彬　杨国政　杨锐华　杨曙华　叶萌春　殷炳君　殷俊廷
于雪涛　俞　军　曾　瑾　张爱光　张来喜　张绍斌　张铁城　赵国安
赵红育　赵建忠　赵　敏　郑国明　钟汝荣　周东正

台湾工艺奖项发展脉络

近年来，台湾文化产业的发展如火如荼。随着各类展会、博览会及论坛等交流、展览活动在大陆的举办，越来越多的台湾现当代工艺品及文创产品被人们熟知，"国家工艺成就奖"（本文统一称为"台湾工艺成就奖"）"人间国宝""台湾工艺之家"等工艺界荣誉称号也渐被人们关注，成为选购和收藏的重要依据。

目前，台湾的工艺美术奖项的相关荣誉称号有十余种之多。结合《八闽中国工艺美术大师合集》的出版，笔者通过整理相关资料、反复考证，请益台湾"文化部"文化资产局相关工作人员、台湾工艺研究发展中心主任许耿修、台湾工艺之家协会荣誉理事长林国隆、台湾云林科技大学文化资产维护系洪碧玲老师等台湾业内人士及资深学者，考证与总结出台湾几大重要工艺奖项的基本情况，以更好地了解和把握台湾工艺领域的情况。

台湾重要工艺奖项简介

从台湾现行的工艺发展情况来看，"重要传统艺术保存者""台湾工艺成就奖"及"台湾工艺之家"为台湾工艺界及全社会最认可的三大奖项。

重要传统艺术保存者

"重要传统艺术保存者"是以所谓"法律"形式确定的、对中华传统文化、对整个人类文化史起到重要继承与传承作用的代表，主要分为传统表演艺术与传统工艺美术两大部分。

台湾"重要传统艺术／技术保存者"称号，2009 年由台湾"行政院"文化资产委员会（"文建会"）开始执行，2012 年以后改为台湾"文化部"文化资

产局组织。"重要传统艺术保存者"以2005年新颁布的台湾"文化资产保存法"（简称"文资法"）为"法律"支撑，通过"法律"赋予传统艺术及技术保存者的地位，并由台湾当局补助其获奖者及其传习生津贴与保障权利。

2009年，台湾"文建会"宣布指定重要"国家"无形文化资产及其当代的代表保存者（或团体）并授予证书。授证仪式所针对的"传统艺术类指定保护对象"，亦即"文资法"中"传统艺术：指流传于各族与地方之传统技艺与技能，包括传统工艺美术及表演艺术"等技艺文化的拥有者与保存者。

"文资法"规定的文化资产保存技术及保存者／团体分为以下三大类：

一、传统艺术、民俗等无形文化资产表现上不可或缺之用具的制作、修理技术或是材料的生产、制造等技术。

二、古物、古迹、历史建筑等有形文化资产保存、修复、复制之不可或缺的传统技术。

三、古物、古迹、历史建筑等有形文化资产保存修复时所需材料、工具的生产、制造、修理等技术。

迄今，全台湾重要传统艺术之传统工艺美术领域共有六位工艺师被认证为"重要传统艺术保存者"，包括王清霜（髹漆）、黄涂山（其他）、陈寿彝（彩绘）、施志辉（木作）、陈万能（金工）、施镇洋（木作）。从文化资产的角度肯定工艺与工艺师，不仅使他们拥有荣衔，而且还具有"法律"身份，更显示出对工艺师的尊重，也促使台湾社会对生活工艺的改观。

"重要传统艺术保存者"在台湾当地俗称为"人间国宝"，这一认证制度可以说取法于日本。日本是世界上较早关注非物质文化遗产保护的国家。早在1950年政府颁布的《文化财产保护法》中，就独树一帜地提出无形文化（即非物质文化遗产）的概念，并以法律形式规定了其范畴和保护办法，对那些造诣颇深、身怀绝技的艺人和工匠，日本媒体称其为"人间国宝"。从1955年起，日本政府开始在全国不定期地选拔认定"人间国宝"，将那些大师级的艺人、工匠，经严格遴选确认后由国家保护起来，每年给他们200万日元（约14万人民币）的特别扶助金，用以磨练技艺、培养传人。如今，经文部省认定的"人间国宝"已累计360位。日本已有1000多项无形文化资产成为国家级保护项目。

台湾的"重要传统艺术保存者"制度实质上源于1985—1995年台湾"教育部"主办的"民族艺术薪传奖与重要民族艺术艺师"，该奖项前后共举办十届，其中前三届有补助获奖人员。1992 年起由"行政院文建会"下辖文化建设基金会举办"民族工艺奖"，共举办六届。1998-2000 年，由台湾传统艺术中心举办"传统工艺奖"；2001-2006 年，延续"民族工艺奖"和"传统工艺奖"而由"文建会"下辖的台湾手工艺研究所举办"国家工艺奖"（本文统一称为台湾工艺奖），2007 年迄今将"台湾工艺奖"与"台湾工艺竞赛"整合为"台湾工艺成就奖"。2005 年，台湾新版"文化资产保存法"通过，授予传统技术与艺术保存者以"法律"地位，由台湾"文建会"执行，2009 年，台湾"文建会"宣布指定重要"国家"无形文化资产及其当代的代表保存者（或团体）并授予证书，是为"重要传统艺术保存者"制度。

由此分析，按主办单位的性质来看，"重要传统艺术保存者"制度是台湾当局（"文建会"，2012 年后改称"文化部"）以"立法"形式确立的荣誉称号。其发展阶段为：1985-1995 年，台湾"教育部"主办"民族艺术薪传奖与重要民族艺术艺师"；1992-1997 年，"文建会"下辖文化建设基金会举办"民族工艺奖"；2009 年至今，"文建会"（2012 年后改称"文化部"）举办"重要传统艺术保存者"制度。

台湾工艺成就奖

"台湾工艺成就奖"是台湾工艺研究发展中心自 2007 年起，延续并整合历年来的各类工艺奖项，评选出的所有工艺门类中最具行业影响力与社会影响力的工艺师的奖项。每年仅评一位，影响力颇高。

1998-2000 年，为延续"民族工艺奖"，台湾"文建会"下辖的台湾传统艺术中心筹备处设置与举办"传统工艺奖"，共举办三届。2001-2006 年，奖项更名为"台湾工艺奖"、主办单位为"文建会"下辖的台湾手工艺研究所，共举办六届。

2007 年，台湾工艺研究所整合"台湾工艺奖"及由原工艺研究所举办已13 届之久的"台湾工艺设计竞赛"，合并为"台湾工艺竞赛"，并分为"传统技艺"及"创新设计"两组，充分整合原两项竞赛，以期让传统与创新两股力量，在同一平台上争艳斗艺，竞相观摩，交流成长。而原有的"台湾工艺奖"改变传统以创作"物"的竞赛形式，改以表彰工艺"人"为主轴，目的在表达对长期坚持以工艺为志业者的尊重与肯定，以彰显工艺师的工艺创作成就及长久为工艺创作的奉献精神，亦包括对工艺产业有特殊贡献者，正式更名为"台湾工

艺成就奖"。主办单位台湾工艺研究所已于 2010 年改为台湾工艺研究发展中心。

两项竞赛的整合，不仅继续提倡创作风气以鼓励新生代的工艺创作者，对于老工艺匠师在工艺的创作、保存及传承持续不懈的精神，更期藉"台湾工艺成就奖"之荣衔，给予最实质的嘉许与肯定。迄今已举办七届，获奖者分别为：王清霜（漆艺）、黄涂山（竹艺）、施镇洋（木雕）、苏世雄（瓷雕）、蔡荣祐（陶瓷）、陈万能（锡艺）、李荣烈（竹／漆艺）。

台湾工艺之家

"台湾工艺之家"协会属会员性质，会员为各门类工艺领域中的佼佼者，因入会门槛高、作品工艺最具行业代表性而颇具影响力，为当代台湾工艺界的中坚力量。

2004 年台湾工艺研究所（2010 年改为台湾工艺研究发展中心）设置"台湾工艺之家"以建立更好的工艺发展机制及肯定优秀工艺者。相关工作由台湾工艺研究发展中心下辖的台湾工艺之家协会负责。其评选办法是：邀请曾获评工艺薪传奖、传统工艺奖、民族艺师、台湾工艺奖之三等奖（含）以上者或对工艺创作有卓越贡献者成为"台湾工艺之家"；或曾参加台湾当局举办的工艺竞赛，连续三年获得前三名（或优等奖以上）者，方可申请"台湾工艺之家"，并经多位专家学者审查通过后才能获评，审查较为严格。

目前全台有 148 位台湾工艺之家，包括陶瓷类、木器类、玻璃类、石工类、金工类、综合类、竹藤类、漆器类、纸类、竹器类、染织类与其他类别等 12 大类。

两岸工艺奖项之对比

目前大陆的"工艺美术大师"及其类似称号共有 20 余种之多，如"工艺美术大师""民间工艺美术大师""国家级非物质文化遗产项目代表性传承人""中国民间文化杰出传承人"等。这些称号根据授予单位的性质，主要分为：国家授予或认定，联合国教科文组织有关下属组织合作授予，各类民间协会组织授予，地方政府与企业共同授予。

与台湾"重要传统艺术保存者"制度相类似的是大陆的"非物质文化遗产传承人认定制度"（下文简称"传承人"）。"传承人"是近些年来才在中国学术界逐渐普及开来的新概念，其在官方正式文件中的使用始于 2005 年国务院发布的《关于加强我国非物质文化遗产保护工作的意见》。该制度肇始于1997 年国务院颁布的《传统工艺美术保护条例》，条例规定由国务院负责传统工艺美术保护工作的部门组织开展全国工艺美术大师的评审工作；2003 年机构改革后，该职责被划转到国家发改委，同时《传统工艺美术保护条例》以"条例"的形式将传承人认定制度"法规化"。

与台湾"台湾工艺成就奖"相类似的是大陆的"中国工艺美术大师"称号。其发端可追溯至 1979 年 8 月 16 日由国务院委托原轻工业部发起授予的"中国工艺美术家"荣誉称号。1988 年 1 月 11 日，为进一步鼓励和调动广大工艺美术人员的积极性和创造性，更好地为"出口创汇"，为我国社会主义物质文明和精神文明服务，使工艺美术行业荣誉称号的评定工作"正常化""制度化"，原轻工业部、国家科委联合发布了《关于颁发〈工艺美术行业荣誉称号试行办法〉的通知》，明确指出与制定《工艺美术行业荣誉称号试行办法》，授予那些技艺高超、贡献卓著的工艺美术艺人以"中国工艺美术大师"的称号。同时，为了避免"中国工艺美术家"与"中国工艺美术大师"两个称号并存的现象，该办法第 14 条规定自本办法下发之日起，轻工业部过去授予的"中国工艺美术家"改称"中国工艺美术大师"。

"国家级非物质文化遗产项目代表性传承人""中国工艺美术大师""工艺美术大师""民间工艺美术大师""中国民间文化杰出传承人"等命名所分别依据的理念和标准，既有相通之处，也有很多不同。目前，大陆工艺界最为认可的称号当为"中国工艺美术大师"以及"省工艺美术大师"。

民族艺术薪传奖与重要民族艺术艺师

• 1985—1995年
• 由"教育部"主导，共举办十届，是后续"文建会"重要传统艺术保存者制度的前身。

橘色框表示主办单位为"教育部"。

蓝色框表示主办单位为台湾传统艺术中心。

绿色框表示主板单位为"文建会"，2012年改"文化部"。

紫色框表示主办单位为台湾工艺研究所，2010年改为台湾工艺研究发展中心。

民族工艺奖

• 1992—1996年
• 由"文建会"辖下基金会举办，共办六届。

传统工艺奖

• 1998—2000年
• 延续民族工艺奖，由台湾传统艺术中心举办，共办三届。

重要传统艺术保存者

• 2009年迄今
• 2005年新版"文化资产保存法"通过，赋予传统艺术及技术保存者"法律"定位，通过重要传统艺术保存者制度，由"政府"补助获奖者及其传习生津贴与保障权利。执行单位为"文建会"，2012年后改为"文化部"。

台湾工艺奖

• 2001—2006年
• 延续民族工艺奖、传统工艺奖，其主办单位为"文建会"辖下台湾工艺研究所举办，共办六届。

台湾工艺竞赛

• 2007年迄今
• 整合台湾工艺奖与台湾工艺设计竞赛为台湾工艺竞赛，并分传统技艺与创新设计两项。由台湾工艺研究所主办（2010年改称台湾工艺研究发展中心）。

台湾工艺成就奖

• 2007年迄今
• 原本为竞赛奖项，后改为表扬对工艺领域有贡献之杰出人士。

台湾工艺之家

• 2004年迄今
• 针对获得上述奖项前三名者或是参与各地方工艺竞赛连续三年获奖者，皆可提名台湾工艺之家，接受评比。

注：
台湾工艺奖，即"国家工艺奖"；
台湾工艺成就奖，即"国家工艺成就奖"。

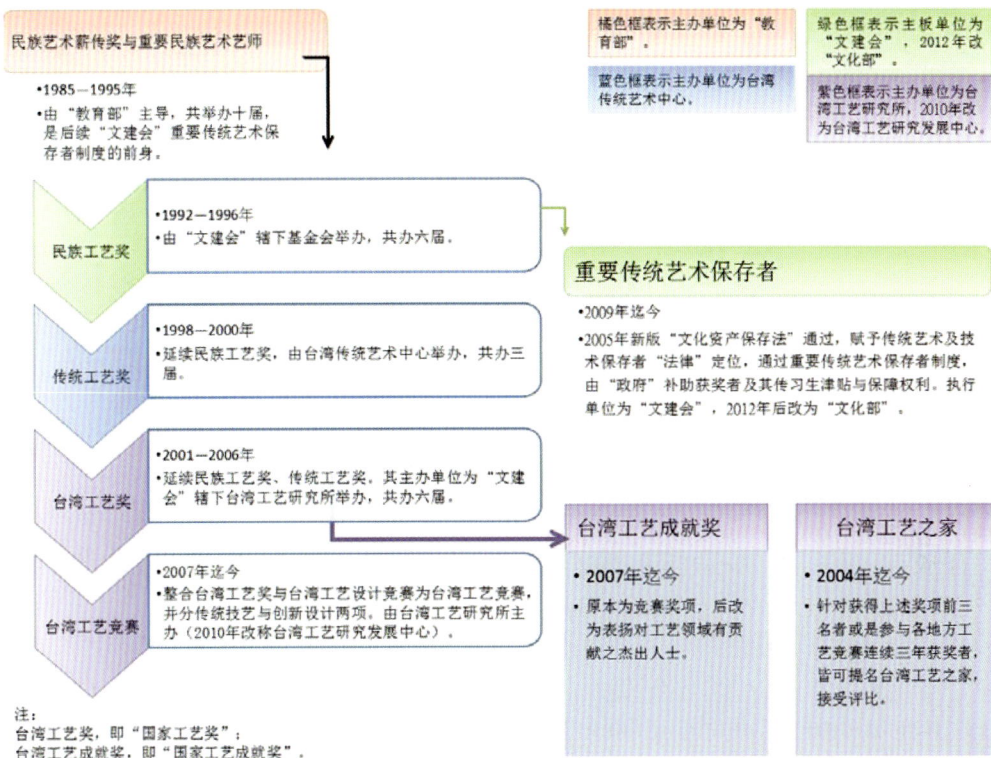

■ 台湾工艺奖项发展脉络示意图

参考资料：

1. 台湾"文化部"文化资产局，http://www.boch.gov.tw/boch/。

2. 台湾工艺研究发展中心，http://www.ntcri.gov.tw/zh-tw/Home.aspx。

3. 周超：《中日非物质文化遗产传承人认定制度比较研究》，《非物质文化遗产保护》2009年第2期。

参考书目

一、寿山石类

1.（清）毛奇龄：《后观石录》，齐鲁书社 1995 年。

2. 郭功森：《林清卿薄意艺术》，广州花城出版社 1984 年。

3. 方宗珪：《寿山石全书》，香港八龙书屋 1989 年。

4. 方宗珪：《方宗珪寿山石问答》，香港八龙书屋 1992 年。

5. 陈石：《寿山石雕艺术》，台北南天书局 1992 年。

6. 福州雕刻工艺品总厂：《福州雕刻艺术》，福建美术出版社 1995 年。

7. 林文举：《石中之王：田黄》，福建美术出版社 1995 年。

8. 周金伙、郭祥忍：《中国工艺美术大师郭功森》，福建美术出版社 2004 年。

9. 陈益晶：《陈益晶雕刻艺术》，福建美术出版社 2005 年。

10. 海峡寿山石文化研究院编：《王祖光寿山石雕刻艺术》，福建美术出版社 2006 年。

11. 海峡寿山石文化研究院编：《林发述寿山石雕刻艺术》，福建美术出版社 2006 年。

12. 叶子贤：《叶子贤石雕艺术》，福建美术出版社 2006 年。

13. 方宗珪：《寿山石历史掌故》，荣宝斋出版社 2010 年。

14. 方宗珪：《中国工艺美术大师周宝庭》，江苏美术出版社 2011 年。

15. 李绪萱：《新观石录》，人民日报出版社 2011 年。

16. 陈礼忠：《中国寿山石与雕刻艺术》，福建美术出版社 2011 年。

17. 陈文斌：《石缘天成——陈文斌雕刻艺术》，《经济日报》出版社 2011 年。

18. 史芹、郑琦志：《中国工艺美术大师冯久和》，江苏美术出版社 2013 年。

19. 王文章编：《中国工艺美术大师全集·陈礼忠》，安徽美术出版社 2014 年。

20. 福州寿山石鉴定中心、福建省福州茶厂、福州寿山石文化艺术品产权交易所编：《林氏三杰雕刻艺术》

二、木雕类

1. 滕文金：《木雕技法》，中国美术学院出版社 1996 年。
2. 董洪全：《明清民间木雕》，辽宁画报出版社 2005 年。
3. 李飞：《中国传统木雕艺术鉴赏》，浙江大学出版社 2006 年。
4. 徐华铛：《中国传统木雕》，人民美术出版社 2006 年。
5. 佘国平：《佘国平木雕艺术》，海风出版社 2006 年。
6. 王世襄编著：《明清家具研究》，三联书店 2008 年。
7. 郑国明：《郑国明木雕艺术》，海潮摄影艺术出版社 2008 年。
8. 本书编委会：《中国竹木牙角器全集》，文物出版社 2009 年。
9. 李凤荣：《李凤荣木雕艺术》，福建美术出版社 2010 年。
10. 岳福荣、刘小余：《中国工艺美术大师林学善》，江苏美术出版社 2013 年。
11. 吴擎云：《中国工艺美术大师卢思立》，江苏美术出版社 2013 年。

三、漆艺类

1. 王世襄：《中国古代漆器》，文物出版社 1987 年。
2. 沈福文编：《中国漆艺美术史》，人民美术出版社 1992 年。
3. 本书编委会：《中国漆器全集》，福建美术出版社 1998 年。
4. 台中县立文化中心编：《台中县立文化中心典藏目录·漆器类》，丰原台中县立文化中心 1995 年。
5. 翁徐得、黄丽淑编：《寻根与展望：台湾的漆器》，商周编辑顾问公司 2000 年。
6. 郑修钤：《郑修钤漆画漆艺选》，福建美术出版社 2006 年。
7. 祝重华：《漆的艺术》，辽宁美术出版社 2006 年。
8. 陈振裕：《战国秦汉漆器群研究》，文物出版社 2007 年。
9. 程向君：《漆画技法》，人民美术出版社 2008 年。
10. 黄曾恒、庄南燕：《蔡氏漆线雕》，浙江人民出版社 2009 年。
11. 孙曼亭：《福州脱胎漆器与漆画》，海峡文艺出版社 2012 年。
12. 郑鑫、黄文心：《中国工艺美术大师郑益坤》，江苏美术出版社 2013 年。

四、瓷塑类

1. 徐本章、叶文程：《德化瓷史与德化窑》，华星出版社 1993 年。

2. 郭其南：《瓷都群星：德化古今名人凡人》，中国致公出版社 2003 年。

3. 黄春淮、郑金勤：《中国白：德化白瓷鉴赏》，福建美术出版社 2005 年。

4. 德化县人民政府编：《中国瓷都·德化工艺美术大师作品集》，海风出版社 2009 年。

5. 张南章：《中国工艺美术大师许兴泰》，江苏美术出版社 2012 年。

五、台湾部分

1. 台湾工艺研究发展中心编：《没有弯路的人生——王清霜的漆艺生命史》 2010 年。

2. 台湾工艺研究发展中心编：《经纬历史，有节人生——黄涂山》2010 年。

3. 黄正纲编：《台湾名家美术 100 之曾明男》，香柏树文化科技股份有限公司 2010 年。

4. 台湾工艺研究发展中心编：《法古推新，施镇洋的木雕艺术之路》，2011 年印行。

5. 台湾工艺研究发展中心编：《故土容颜：蔡荣祐陶艺人生》，2012 年印行。

6. 台湾工艺研究发展中心编：《雕釉之美：苏世雄》，2012 年印行。

7. 台湾工艺研究发展中心编：《熔入新意，薪薪相锡——陈万能》，2013 年印行。

六、综合类

1. 中国美术馆编：《中国美术年鉴 1949-1989》，广西美术出版社 1993 年。

2. 中国现代美术全集编辑委员会编，沈福文主编：《中国现代美术全集》，河北美术出版社 1998 年。

3. 王朝闻编：《中国美术史》，齐鲁书社 2000 年。

4. 黄宝庆、王琥、汪天亮：《福建工艺美术史》，福建美术出版社 2004 年。

5. 尚刚：《中国工艺美术史新编》，高等教育出版社 2007 年。

6. 王朝闻：《雕塑美学》，三联出版社 2012 年。

后　记

　　工艺是生活的映射，当文明发展进入高级的阶段后，工艺美术作品成为社会财富的象征。中国有数千年的文明，工艺美术的历史也与之同样悠长，不同时期都有优秀的工艺美术大师，时至今日，中国工艺美术大师这一群体成为时代工艺水平的象征，记录这一群体的情况就成为研究、保护和发展中国工艺美术的当务之急。

　　自 1979 年国家组织评选"中国工艺美术大师"以来，这一评选成为相关组织为中国工艺美术的整体繁荣提供政策支持的有力手段。随着工艺美术产业愈加繁荣，编写信息详实、资料完整的中国工艺美术大师合集成为行业发展的迫切需求，作为工艺美术大省的福建，率先编写本省的工艺大师合集也就顺理成章。尽管行业繁荣发展，政府、行业协会与工艺大师三方的沟通仍有待加强，本书在采集资料、沟通协调与编写方面即遭遇这方面的问题。

　　在采集资料方面，政府机构及行业协会理应是资料的权威来源，然而编委会在搜集资料的过程中发现，新中国成立以来，工艺美术行业资料积累甚少，相关文献出版十分之少，政府组织机构变更频迭，使这一情况更为恶化。收藏机构的信息也不透明，资料有限。

　　同时，早期"中国工艺美术大师"的培养重视技能的传授，缺乏搜集整理行业资料与个人资料的意识，其从艺生涯、获奖状况、作品信息、作品图片等资料多有缺失。许多大师不擅长语言表达，提供的口述材料整理难度甚大。年长一些的大师多为福州口音，需要其子女代为翻译。随着几位业界前辈、大师的去世，编写工作更加困难。

　　面对以上困难，编委会从五个方面入手，逐一解决这些问题。首先，运用田野调查的方法，扩大采集面，多方采访搜集资料，保证一手材料的真实性；其次，统筹图书全局，充分尊敬大师意见；再次，请教行业专家、专业学者和资深媒体，充分考虑他们的建议；复次，依据权威专业参考书籍，对闽地工艺史进行深入系统的分类整理和考证论述；最后，在以上条件满足的基础上，对大师的艺术生涯进行客观论述。

编委会经过各方渠道，广泛听取各方面专家意见，在掌握大量一手资料基础上，确定编撰体例。每位大师分别从艺术名片、艺术生涯、艺术概况、艺术传承四方面去表现。"艺术名片"包含大师的肖像照片、生平概况和荣誉称号三方面内容，荣誉称号包括职称、行业荣誉和社会职务三个方面。"艺术生涯"包含获奖、参展、收藏、著作等四方面内容。遵照时间顺序和重要优先原则，同年份选择最具影响力的艺术活动，同奖项展览选择最早入选的代表作。"艺术概况"包含大师的行业地位、艺术特点、代表作、传承发展、收藏拍卖、市场影响力等方面内容。面对工艺美术行业专有名词不统一，专业术语口语化的现象，编委会经过严密的考证，参照业界公认的权威著作，选择标准的工艺美术行业专有名词。"艺术传承"主要介绍大师的传承人。传承人是衡量工艺美术行业脉络发展的重要标准。随着八闽工艺美术事业的推动，大师的传承群体亦会发生变动，相信大师的优秀传承人会越来越多。经各方专家、学者讨论决定，本书以大师亲自指定者为录入标准。

本书编撰的过程中发现一些新的现象，值得我们注意与思考：

首先是传统与现代的结合、东方与西方的融合，共同推动了雕刻技法的提高与内容的丰富。如林飞、陈文斌等以现代手法表现传统仕女，为寿山石雕引入西方神话、历史题材。

其次是个人对艺术创作的精益求精与产业的蓬勃发展齐头并进，大师带动产业、产业成就大师的良性互动，造就专业提升、行业发展、产业繁荣的大好局面。如林学善所创办的"艺博园"直接推动福州木雕三大流派彼此吸收融化，相互借鉴融合，推动福州木雕的整体繁荣。佘国平所带领的"雁门雕刻世家"在创作、研发、传承等各类领域成就斐然，推动莆田木雕业成为福建省影响深远的文化产业。

再次是大师对材质和题材的开拓，结合新技术的应用，带来新的增长和生长空间。如陈礼忠、黄丽娟对寿山石雕石材的突破，郑国明在传统龙眼木、荔枝木之外开拓阴沉木、树抱石的艺术表现力，使传统雕刻

238

在题材、形式和雕造方式上融入新观念、新方式。

复次是工艺与美术、工艺与文创的结合，使作品充满生活趣味和蓬勃的生命力，石雕、漆线雕、大漆等传统工艺门类更因此绽放异彩。

再复次是专业的勇猛精进和经营管理的提高，提高整个福建省在中华文化，尤其是工艺版图中的地位。近两年，八闽工艺展览频现于国家博物馆、中国美术馆，近期陈礼忠于中国美术馆举办的寿山石雕个展，更是成功携寿山石雕登上艺术的殿堂。

最后是跨行业的合作与整合，使得八闽工艺美术各方面都出现齐头并进的蓬勃发展之势。

每位大师都是一部传奇，每部传奇都浓缩时代的记忆。大师们对艺术至臻的不懈追求，有力地推动了八闽工艺美术的传承与发展，为中国工艺美术事业的腾飞留下浓墨重彩。他们共同谱写历史，历史将铭记他们——八闽中国工艺美术大师。

本书编委会
2014 年 12 月

图书在版编目(CIP)数据

八闽中国工艺美术大师合集/杨敬亭主编;李欣,徐琴编著.—厦门:厦门大学
出版社,2014.12
ISBN 978-7-5615-5358-9

Ⅰ.①八… Ⅱ.①杨…②李…③徐… Ⅲ.①工艺美术-美术家-生平事迹-中国-现代
Ⅳ.①K825.72

中国版本图书馆 CIP 数据核字(2014)第 302664 号

官方合作网络销售商：　当当.com　亚马逊 amazon.cn　JD 京东.COM

厦门大学出版社出版发行

(地址:厦门市软件园二期望海路 39 号　邮编:361008)
总 编 办 电 话:0592-2182177　传真:0592-2181253
营销中心电话:0592-2184458　传真:0592-2181365
网址:http://www.xmupress.com
邮箱:xmup @ xmupress.com
厦门集大印刷厂印刷(地址:厦门市集美区集美大道 199 号)
2014 年 12 月第 1 版　2014 年 12 月第 1 次印刷
开本:787×1092　1/16　印张:16.5
字数:300 千字
定价:168.00 元
本书如有印装质量问题请直接寄承印厂调换